추억이
흐르는
편 지

여운 조수증 시 · 수필 · 서화집

추억이 흐르는 편지

펴낸날 2012년 5월 18일

지은이 조 수 증
펴낸이 오 하 룡

펴낸곳 도서출판 경남
주　소 창원시 마산합포구 남성로 42
연락처 (055)245-8818~9/223-4343(f)
홈페이지 www.gnbook.com
전자메일 gnbook@empal.com
출판등록 제2호(1985. 5. 6.)
편집팀 오태민 | 심경애 | 구도희

ISBN 978-89-7675-767-8-03810

〔값 10,000원〕

여운 조수증
汝雲 趙守曾

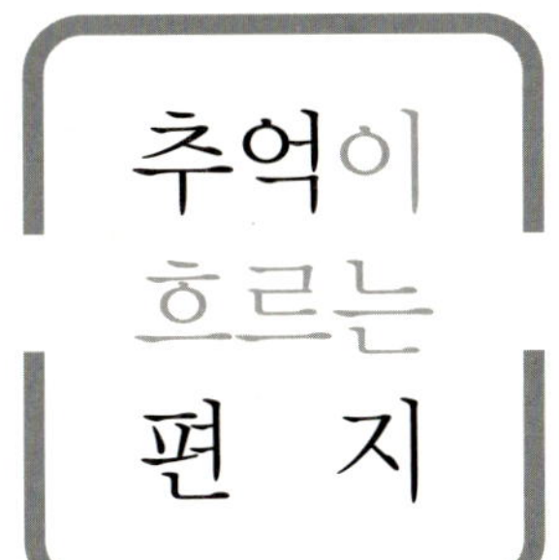

시 · 수필 · 서화집
詩 · 隨筆 · 書畫集

도서출판 경남

| 차례 |

1. 추억이 흐르는 시

2. 추억이 흐르는 수필

3. 추억이 흐르는 편지

4. 은사님과 가족의 편지

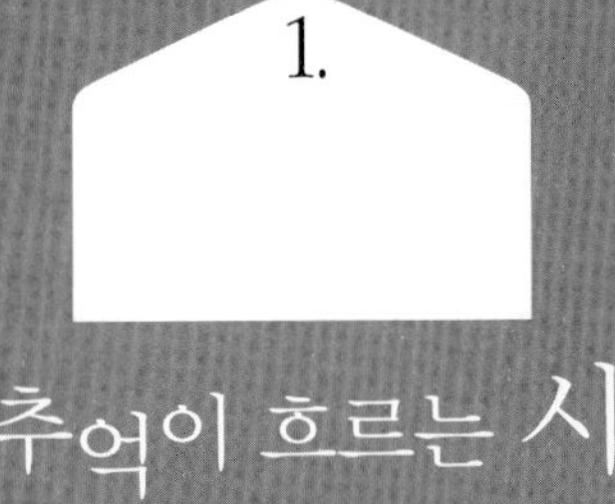

추억이 흐르는 시

서호曙湖*

호수湖水에 비친
그림자는
지극히 너를 그리워하는
낚시를 멘 정월正月이의 모습
호면湖面에 잠든 사색思索은
꿈처럼 헤어지는
환상幻像은 아니여서
이 좋은 날씨에도
정월은 호수가 좋았다

—1953년 4월 20일 호숫가에서

*曙湖 : 새벽 호수

엄마 생각

사물거리는
십 년 전인가
송림松林에 눈은 와서
함박꽃 피니
돌아가신 엄마 생각
간절하구나
북망산천 가는 길이
그리 바빠서
이 어린 사남매를
두고 가셨나

그리워라
어머님이여
비 오고 바람 부는
지난 육 년간
엄마 없이 어언간에
졸업이래요

우리 엄마 오실 날은
언제메던고
휘영청 달빛 아래
울어 봅니다

—1947년 겨울날에
군북초등학교 6학년 3반 조수증

아가 찬가

희다 못해
차라리 푸른
아가 눈은
작은 호수

그 속에
새까만 눈동자는
산머루 알

동그만
아가 귀는
봉선화꽃

방글거리는
아가 입은
아침 나팔꽃

쬐그만

아가 손은

고사리 순

두 팔은

나풀나풀

한마리 나비

팔딱 팔딱 뛰며는

한마리 새끼 사슴

푸드득 푸드득

한마리 새끼 꿩

—1984년 5월 5일 어린이날 아침
손녀 소담이를 보고

젖

생명의 원천인 젖꼭지에서
흰 밀크가 분수처럼 쏟아져 나온다
풍만한 어미의 젖가슴에
파묻힌 우리 아기
젖 좀 빨다가
어미눈 한번 맞추고
젖 좀 빨다가
작은 손 모두어 쥐고
쿡닥 쿡닥 떠받다가
젖 좀 빨다가
스르르 잠이 드는
우리 아기
여기에 신비와 사랑과
평화와 풍요가 웃음이 함께 있다

— 1984년 6월 9일
외손녀 가영이를 보고

동심童心

노래하고 춤추고
봉사잡기 술래잡기
안아주고 업어주고
마음이 어린 후니
하는 일이 다 어리다

—1984년 9월 18일

눈 오는 밤에

창밖에 눈이 내린다
목련화 가지에도, 태산목에도……
눈이 내린다
눈이 쌓인다
오랜만에 참으로 오랜만에
이십 년 전 첫날밤처럼
마냥 수줍어진다

창밖에 눈이 내린다
당신의 뜨거운 숨결이
당신의 따뜻한 체온이
썰렁했던 이 방
주화사 이부자락 속에 훈훈히 서려오고
동짓달 기나긴 밤이
짧기만 한 아름다운 밤

창밖에 눈이 내린다
지난날 추억처럼 눈이 내린다

이 밤이 새면
삶 앞에 남은
무거운 권속, 멍에 짊어지고
임지에 떠날 당신
앞마당 하얀 눈밭에
시린 발자국 폭폭 남기고……

창밖에 눈이 내린다
어느 시인이
한밤에 눈 내리는 소리를
먼- 여인의 옷 벗는 소리에 비유했던가
오늘밤 우리 집 여린 나목들도
포근히 눈에 싸여
새봄에 새싹을 틔울 준비를 하는
경의로운 새 생명을 잉태하고……

창밖에 눈이 내린다
장독대 소복이 눈이 내린다

눈이 쌓인다
정情이 쌓인다

당신의 뜨거운 열기에
유리창에 펄- 펄-
눈꽃이 성에 되어, 예쁘게 얼룩지고
창밖에 눈이 녹는다
눈이 녹아 내린다

—1984년 12월 24일 크리스마스 이브 밤
마산 평화동 안방에서
(남편의 인천 항만청 근무시절)

상 봉

30년을 그리다가
뵈옵던 임을
꿈인가 생시인가
말문 막혀 돌이 되고

가슴에 사렸던 말
그냥 안고 돌아서니
보내고 그리는 정情
못 믿을 이 마음인가

수지음도 병인 양하니
설레이던 가슴 어찌하고
원망 않고
지향 없이 걷노라

—1985년 1월 11일

고 독

취기醉氣 어린 이 몸이
이리 뒤척 저리 뒤척
선잠에 단꿈을
빗소린가 물소린가
외듣고 깨어보니
빗소리가 아니고
계곡의 물소리
그 사람 간데없고
썰렁한 외진 방에
나 홀로 누워 있네

—1985년 9월에

귀 가

달은 보이지 않고
은하수 흐르는 북두칠성
조용하다 못해
차라리 적막한 길
송림에서 배어나오는
향긋한
솔잎 냄새
아카시아 꽃잎 냄새
맑다 못해
차라리 싸늘한 밤
배웅 나온 사람 발걸음
저만치 있어도
마음은
함께하고 함께 걷고……
면학에 열을 뿜다
졸음 쫓는
짧은 밤 단잠을 설치는
고3 홍수방 창문에 새어나오는

막내의 서투른 통기타 소리
장미가 흐드러지게 핀
어느 집 담장을 도니
오월五月의 밤 공기를 가르는
먼 무논의 개구리 소리

—1987년 5월 20일

회상回想

옛날이 그리워서
산정山亭을 찾았더니
산정은 예와 다름없고
산새들 옛손 반기건만
님은 어디 가고
나 홀로

그때 읊던 님의 시詩는
한떨기 물망초 되어
충신忠臣이 거닐던 계곡
맑은 물에 흐르고

그때 부르던 나의 노래는
애달픈 산 울리어
선비가 노닐던 풀섶길
바람에 흩어지네

복사꽃 붉은 볼에
수줍고 울렁이던
고운 마음
고운 정情

호연한 님의 기상
상기된 님의 얼굴
한송이 꽃구름 되어
백이봉에 피었다 사라지고

텅 빈 이 자리
텅 빈 이 마음
님은 어디 가고
나 홀로

허전한 내 그림자
빈 자리에 홀로 섰나

—1988년 7월 5일 백이산 서산서원(생육신 어계 선생 서원)에서

허 무

꽃은 시들어도
향기마저 잃을손가
내일 낙화된들
오는 나비 마다할까

—1991년 3월
지는 매화를 보고

세월자락

햇그늘 한 자락
달그늘 한 자락
솔그늘 한 자락

댓그늘 한 자락
산자락 한 자락
강자락 한 자락

녹의홍상 고운 자락
당신에게 잡힌 자락
칠십七十평생 삶 자락

자식들의 저린 자락
세월 슬은 허무 자락
빛 바래어 서러운 자락

—1993년 윤3월에
수의를 해놓고

해인사에서

새도록 물소리에
잠못 드는 이 한 밤
옆방에 홀로 든 객은
깊은 잠이 들었는지
구슬픈 잣새가
밤을 새워 우누나

창문을 열고 보니
장엄한 법보도량
별빛은 싸늘한데
새벽 여는 범종 소리
중생의 오욕칠정五慾七情
산산히 깨뜨리네

옆사람 잠깰세라
사뿐히 딛고 나와
스무사흘 조각달을
계곡물에 띄어 놓고

두리봉 걸린 달을
붙잡는 여인女人이여!

풀죽은 옷깃 여며
객사에 돌아와서
새도록 설친 잠을
다시 청해 보노라니
여행 온 학생들의
새벽점호 호각 소리

가야산 고고자태
태고 신비 품에 안고
용문폭포 쏟는 물살
괴암절벽 감도는데
대적광전大寂光殿 용마루에
안개 자욱 서리운다

천년 세월 삼층석탑
돌비늘이 숙연하고
스님의 가사 자락
도량청정 출렁인다

새벽 찬불 목탁 소리
문고리를 흔드는데
향 사르는 내음이
풍지에 새누나

백련암 앳된 사미沙彌
아침 공양 채비하고
처마 끝 풍경 소리

낙엽은 구르는데
큰스님 책을 덮고
가을을 밟으신다

홍류동
휘감는 물길 따라
만산홍엽滿山紅葉 떠가는데

넘쳐흘러 흘러넘친
반석 씻는 물목에서
잠방이를 적시는
머슴아이들아!

나도야
낙엽 따라 흘러 흘러
도심에 찌든 육신
말끔히 씻어볼까나

—1994년 가을 해인사에서

팔월의 오후

한 줄기
시원한 소나기가
뚝뚝뚝……
잎 넓은
백목련 잎새가
빗방울을 굴리고
벌레 먹은 잎사귀는
물방울을 거르는데
담묵淡墨 찍은
붓 끝이
화선지에 흐른다

채널 99.9
전파를 타고 흘러나오는
MBC라디오 열전 노래방
문을 여는 여자 아나운서의
낭랑한 목소리
신명 나는 새타령

존재의 이유를 노래하는
남자의
매력적인 노랫소리가
먹 내음 배인
눅눅한
이 공간을 꽉 채운다

창 너머
소나기 지나간 하늘이
파아랗게 트이고
보내는 여름이 아쉬워
애절한
매미의 합창
어디선가
고추잠자리 한쌍
살포시 날아와
매미의 음률 타고
가을을 날갯짓한다

잠시
맑고 고운 아나운서의
푸짐한 상품 안내도
열띤 환호도
신나는 노래도
뚝 그치고
매미도 나래 접고
숨죽이는 오후

성우를 버금가는
MBC라디오
열전 노래방 심사위원
귀에 익은
K선생님의
멋진 심사평 목소리가
팔월의 늦더위 오후를 식힌다

— 2000년 8월 24일 오후

원동역

강 언덕에
그림 같은 작은 역
기차가 지나가 버린 시각
승객 아닌 예쁜 원동역을 가슴에 담고 있는 사람들
백일홍, 산수유 큰 나무 밑에
곱게 늘어선, 닭벼슬 탐스런 맨드라미가
우리를 반긴다

정년퇴임이 가까워 보이는
단아하신 역장님과 직원 한 사람
찬 이슬에 찬 서리에 찬 바람에
곧 사위어갈 가을 꽃밭을 손질하고…
쪽빛 멧꽃이 흐드러지게 핀
언덕 아래 강물이 흐른다

강은 물의 은하수
철로는 인간이 살아가는 과정이라고…
이곳은
잠시 머물다가 가는 곳

급행열차가 서지 않는 곳
오는 이보다
가는 이가 아니 가고
떠나 보내는 곳이라고…
텅 빈 원동역
허전한 작은 가슴을 K선생은 노래한다

강물은
은빛 비늘을 돋치고
가을을 담고 유유히 흘러간다
푸른 하늘에 구름도 둥실 떠간다
기차가 지나간다
산도 들도 따라간다
모두 간다

원동역아!
오늘 살뜰히도 너를 그리는
다정한 K시인詩人 만났으니…

—2000년 10월 18일 원동역에서

만 추

만추의 스산한 바람이 이는
가로수 한 모퉁이
군데군데 찢긴
빛 바랜 승용차 한대
비에 젖고 있다

새천년
희망에 찼던 가슴은 어찌하고
반생을 몸 담아온 일터
하던 일상 뒤로하고
비 오는 낙엽길
무거운 발걸음
삼켜버린 낭만
축 처진 우산 속
비는 들이치고……

무겁도록
매달린 권속들

늙은 부모, 처자식, 형제들…
책임, 의무, 기대, 허무, 허탈, 불안, 원망, 분노가…
매몰찼던
한 가장의 자존심이
차갑게
비에 젖고 있다

구름은 나즉히
가라앉았다 떴다
비바람은 휙 휙
시든 잡초 울리며
봉림산을 휘돌아
아파트 숲을 휘적시고…

간간이
전조등 불빛 쏘며
지나가는 차들
무심히 물 튕겨

젖은 가슴 흥건히
비에 젖고 있다

비는 내리고
주인 없는
'르망' 승용차 지붕 위에
플라타너스 이파리가
구겨진 채
눈물처럼 젖고

빈 가슴
날은 저무는데
포장마차
막소주 한 잔에 허기 달랜
꿈의 꽃잎마저 다 져버린
천지에
비빌 언덕 없는 몸
비에 젖고 있다

분분한 낙엽
아빠를 기다리다 지쳐
어미 몰래 마중 나온
노랑나비 예쁜 우산 속
귀여운 영희의 짧은 '원피스' 가 동그랗게
애처로이 비에 젖고…

가로등도 울고 있는
질퍽한 낙엽길
스멀스멀 어둠이 낙엽에 깔린다

—2000년 늦가을 비오는 거리에서

가을 언덕과 할머니

울도 담도 없는 강 언덕에
오막살이 집 한 채
사람은 집 비운 채
멍멍이 두 마리
낯선 길손 짖고 있다

옛 나룻배 사공 집일까?
즈믄 해의 새 문명이
이 오두막에도 찾아와
판자로 얼기설긴 부뚜막에
보온밥솥이
때늦은 주인을 기다린다

지나가는 길손
무심히 눈 돌리니
고추밭머리
가을을 거두시는 등 휘인 할머니

오늘밤
무서리 내린다고
넝쿨째 안아다
무릎 앞에 자식처럼 앉혀 놓은
누렁둥이 푸렁둥이 애둥이, 호박 형제들

빨간 고추, 매운 고추,
애기고추를 골라놓고
고추잎을 훑으시는
등넝쿨 같은 할머니 손에
지전 몇 장을 쥐어주는
내 손이 너무 작아 보인다

이 언덕에
풍요와 배부름이 있어
까맣게 주름진
할머니의 얼굴에 미소가 어린다

—2000년 10월 18일 강언덕에서

강둑에서 듣는다

해가 지고 달이 뜨는 언덕
바람 소리 강물 소리
잉어 붕어 뛰는 소리
기적 소리
매화 가지, 새 지저귀는 소리
늘어진 수양버들 물결에 일렁이는 소리
강섶에 갈대 사각이는 소리
풀섶에 풀벌레 소리
토란잎에 이슬방울 구르는 소리
녹두콩, 섬* 벌어지는 소리
녹두알 튀는 소리
매화꽃, 딸기꽃, 호박꽃, 메꽃, 들국화, 개망초
엉겅퀴, 민들레, 냉이꽃, 제비꽃, 신금이*
꽃다지 피고 지는 소리
낙엽 구르는 소리
할머니의 잔기침 소리
할머니의 발자욱 소리　　—2000년 10월 18일 강둑에서

*섬 : 꼬투리, *신금이 : 갈색토끼풀

밤 꽃

발길 따라
풀섶 길 돌아가는 곳
푸른 산이 열리는가 했더니
산이 목화솜에 덮여 있다
가지마다 송이송이
목화꽃이 열려 있다

구름 따라
맑은 물 돌아가는 곳
구름산이 열리는가 했더니
산이 흰눈에 덮여 있다
가지마다 주렁주렁
눈꽃이 열려 있다

바람 따라
휘어져 드리운 눈꽃이
펄– 펄–
허공을 휘적신다

벌떼들
꿀을 물고 왕관王冠을 만들고
산지기 부엌 아궁이에
보릿대 타는 해거름

먼- 산이 돌아 바로눕고
나는
밀봉蜜蜂에 어리우는
여왕女王이 된다

윤사월 긴긴 해
들어도 들어도 싫지 않은
뻐꾸기가 운다

—2001년 밤나무 골에서

비음산 불곡사

천년의 꿈이 서린 성지聖地
지방문화재 일주문을 지나
화려한 다포대, 맞배지붕

용머리에는 쇠설(牛舌)을 하고
상하上下는 연꽃을 조각한
세음루洗音樓에 들어서면

비로전毘盧殿에 보물 436호
비로자나毘盧遮那 부처님을 모신
고즈넉한 비음산 불곡사

—2001년 2월 22일 우수 삼일 후
불곡사 관음전 김호식 선생님 찬불가 수업을 마치고
봄이 오는 길목에서

찬불송讚佛頌

청정한 관음전
약간 긴장의 아름다운 시간
영광스런
황금빛 연화대
부처님 앞에 앉으면
온몸이 환희에 젖는
영광의 찬불송頌

어느 곳에서도 비할 수 없는
청정무욕淸淨無慾
때묻지 않은
맑고 고운
청아한 찬불송頌

영원의 고요 속에
조화와 따스함이 깃들고
천진불佛의 유희삼매遊戱三昧
이곳 사바가 아닌

도솔천兜率天을 날으는 듯
찬란한 황금빛
영혼의 찬불송頌

솔바람 소리
수릿대 사각이는 댓잎 소리
비비 - 피리리 - 산새 소리
배시시 - 나뭇잎 터지는 소리
꽃봉오리 소롯이 벌리는 소리

피아노 선율 타고
땡그랑 - 땡 -
빈 공간 고요로움 흔드는
그윽한 풍경 소리

스님의 독경 소리
범종 소리

자비로운
부처님의 웃음 소리
들리는 듯!

오묘한 자연의 질서가
미묘한 자연의 소리가
동참한 찬불송頌

—2001년 2월 22일 우수 삼일 후
불곡사 관음전 김호식 선생님 찬불가 수업을 마치고
봄이 오는 길목에서

피아노 반주

믿음과 본지풍광本地風光을
초월한
창조와 신비

비호飛豪같은
건반 위의 손놀림!
황홀한 환상의 조화

아름다운 음색
번뇌와 기쁨을 비집으며
피어나는 한 떨기 연꽃

아! 그 소리, 소리
심오心悟한 법음法音인가

— 2001년 2월 22일 우수 삼일 후
불곡사 관음전 김호식 선생님 찬불가 수업을 마치고
봄이 오는 길목에서

비음산

송림에 눈비 걷고
포근히 봄을 잉태한 비음산飛音山

이제 갓 태어날
귀여운 작은 미물
이름 모를 소박한 풀꽃들

눈 뜨고 귀 기울이는
만물이 동참하는
향기로운 봄의 대합창

님에게 드리옵는 성스러운 노래
이 광명의 소리가
이름 그대로
비음산 자락을 훨－훨 날아 덮는다

—2001년 2월 22일 우수 삼일 후
불곡사 관음전 김호식 선생님 찬불가 수업을 마치고
봄이 오는 길목에서

진달래꽃

고향 길
고바위 벼랑에 핀
진달래꽃

비음산
진례산성에 핀
진달래꽃

두견새
슬픈 사연 기다리며
망울지는데……

매화꽃
꽃구름이 강의실 창가에 기웃거리는
삼월 두 번째 수업시간

진달래
자작시를 읊으시는
K 선생님

그 몸짓
더듬이가 진화된 진달래를 넘나드는
커-다란 호랑나비

강의실
때이른 진달래 진달래꽃이 피고……
술통 술통이 뒹군다

두견주 대낮 술에
동백꽃 예쁜 잔에
가슴 팔딱이는 황홀감!

상기된 진달래 빠-알간 얼굴들
상기된 빠-알간 진달래 얼굴들

—2001년 3월 8일 강의실에서

제비꽃

사무치게
가슴 젖어오는 하늘가
아롱졌던 너와 나

어릴 적
고향집 양지바른 토담 밑에
눈 맞추던 제비꽃
옹당골,
어머님 무덤가에도……

세월이 흐른 뒤에야
내 집 모퉁이
회색 콘크리트 보도블럭 비집고
꿋꿋이 뿌리 내려
누굴 보려
요리도 곱게 피었나

다섯 잎 날개 달고
진보라 꽃이파리
고와서 서러워라.

무심한 길손
가녀린 너
짓밟을까 마음 조이노니

비바람이 꽃잎 바래이면
너의 아름다운 홀씨
영원한 삶의 터전 찾아
제비 되어 날아라.

—2001년 4월 24일 강의실에서

어버이 날

카네이션 가슴에 달고 당신을 기다립니다
이렇게 현관문을 활짝 열어놓고……
오늘밤은 유난히 별빛이 서늘합니다
구름 속에 숨었던 달이 휘영청 드러납니다

항구에 큰 배 묶어놓고
먼- 항해에서 돌아올
당신을 위해
술상도 차리고
정성 들여 차를 우립니다

비단방석 깔아놓고
모란무늬 찻잔에 차를 따릅니다
어디쯤 오고 있는지?……

당신 사진 앞에 놓인 꽃바구니
카네이션 일곱 송이
아! 미처 모르고 살아온
인생은 찰나인 것을!

이 허무虛無 앞에
눈에 밟히는 것 있어
가신 임의 손때 묻은 니코틴 배어 있는
마도로스 파이프가
사십팔 년간 못다한 노래를 부릅니다

카네이션 꽃잎에 배인
눈물방울이
찻잔에 뚝- 뚝- 떨어집니다
눈물로 우려진 찻잔을 나홀로 비웁니다

달빛 아래
당신이 아끼던 호접란이 지고 있습니다

—2001년 5월 8일 어버이 날에

산과 아이들

산 가득 푸르름 짙어
땅찔레 덤불 덤불
쌀 뻥튀기 튀듯 피어 있다

철쭉꽃 피는 언덕
오솔길 돌아나오니
놀랜 꾀꼬리
아카시아 꽃잎 물고
나래 털고 날아간다

산벚꽃 나무 아래
자리 깔고 둘러앉아
도시락 먹고 차 마시니
바람이 등 간지른다

자연학습 시간
선생님 따라서 올망졸망……
산에 드는 오월의 새싹들

푸른 잔디 언덕에
햇살 한 번 따먹고
해맑은 웃음소리
구름 한 번 따먹고
밀고 당기고……

주루룩……
산태* 타는
새빨간
오월의 꽃봉오리들

—2001년 5월 10일
산에 올라 서예 회원들과 함께

*산태 : 미끄럼

갈치배미

갈치를 닮았다고
갈치배미라 한다

모내기한 손이 마르기 전에
실핏줄 타고……
땅내 맡고 돌아앉는 벼 포기

갈치배미 봇도랑에
달이 지고 해가 뜬다

돌이 아범이
밤새 가두었던 봇도랑 물꼬를 튼다

벼 포기 이랑 발자국 자국 자국……
하늘이고 구름이고 바람이 인다
저– 건너
마태산이 다가선다

두렁콩
소복이 터지는 논두렁에
막걸리 한 병, 멸치 몇 마리
돌이 따라 나온 삽살이가
군침을 삼키고……

음메- 송아지 울음 소리에
놀란 올챙이
소금쟁이, 물방개가
삽살이와 경주를 한다

햇빛 아래
푸른 지느러미를 번쩍이며
갈치가 꿈틀거린다

—2001년 6월 16일 소풀 들에서

삼귀三貴 애향비 앞에서

합포바다 동남쪽
아늑한 터전
넓어진 길가엔
보고파 다 못 자란
여린
코스모스는 피었다

꺾이고 파헤친 자리
굳어 있는
거대한 몸집

포도주 익어가던
정겨운 초가지붕
하-얀 박꽃
골목길 휘돌아
늘어진 줄장미

콩밭, 밀밭머리
옹기종기 둘러앉아

달작직한 풋콩, 풋밀을 구워
후-후- 불어 비벼 먹던 작은 손
순이 할배, 이놈들- 하고 소리 칠까?
콩콩, 가슴 뛰던 콩 밀 서리
입가엔 까맣게 황그린
동글납작한 밉상!
귀여운 얼굴 얼굴들…
어느 것 하나 웃음이고
어느 것 하나 지워지리
아! 보고지고 지금

하늘엔
종달이 노래 그치고
포도 서리
콩 밀을 구워 먹던
타오르던
서리 모닥불 재
식은 지도 오래이다

가고파 앞바다
출렁이는 푸른 물결
물장구 치던 개구쟁이
톳, 파래, 미역, 소라 줍던
아리따운
순이 옥이

꿈 많은 소년少年
접어 띄운
꿈 실은 종이배는
한 맺힌
갈매기 되어 물 위에 날으고
통통배 옛 물길에
쾌속정이 바다를 가른다

살던 사람 다 어디 갔나!
찢겨진 잔해 모아 메운
바다 한 켠

고향을 지키는
외로운 애향비!

나란히 선
작은 돌비 하나
숙연한 이름들

엄마 젖무덤을 한
작은 섬
저 – 만치 마주하고
갯바람은 분다

—2001년 10월 26일
이 비문을 쓴 산업화에 고향을 묻은 선생과
아픔을 같이하면서

수도승修道僧

살며시 고운 숨결
파리한 트인 이마
두고 온 인연因緣 늪에
그리움 여울지면
설빗한 선한 눈매

불사른 이십삼년二十三年
선방禪房에 피어올린
행선行禪의 기구祈求가
봉긋이 연꽃 되어
가슴을 여밉니다.

—2005년 가을 양산 내원사를 다녀와서

달〔月〕

달아 달아 밝은 달아
구름 속에 숨은 달아
물에 빠져 들란* 달아

달아 달아 조각 달아
솔가지에 걸린 달아
치마폭에 그린 달아

—2005년 2월 9일

*들란 : 드러나 비친.

동자童子 스님 두 분

동자스님 두 분
두 눈 감으옵고
두 손 모으옵고
징검다리를 팔딱 건너뛰십니다

대님 매신 버선 발이
너무 작아 앙증스럽습니다

동자 스님 두 분
두 분 같이 손 잡고
더 크게 징검다리를 건너뛰십니다

대님 매신 잠방이가
너무 참해 귀엽습니다

눈이 크신 동자 스님
신발이 벗겨져
동동 떠내려 갑니다

흰 고무신은 연꽃 되어
동실동실 떠내려 갑니다

눈을 휘둥그레
연꽃을 따라 퐁당퐁당 따라갑니다

작은 불신佛身은
흠뻑 물에 젖었습니다

법당에 부처님도 웃고 계십니다
무량수불! 작고도 크신 이여!

—2007년 7월 七夕

청정무욕淸淨無慾

빈 몸, 빈 마음 홀로 가는 곳
열두 폭 부운浮雲에 달을 싣고
보살인 양 빈 몸
도솔천兜率天을 날으는데

어디서
이태백의 월정시月情詩가
멧부리에 부딪쳐
첩첩이 둘러진 계곡
물 굽이에 부서진다

시청 같이 맑은 물은
어른어른
산영 담고 흐르더라

—2008년 10월 11일 지리산 대원사 계곡에서

무 제
—은사님의 시조

강용호(은사님)

1. 삼년을 가꾸어서 서른다섯 꽃 피우니
꽃이야 곱다마는 한목 지니 어이할고
꽃 지고 잎 떠지 전에 나는 왜 못 떴더냐

2. 영광의 졸업날을 반겨 맞이하였더니
희망에 불꽃 피는 천사들은 다 떠나고
어즈버 홀로 남아 그를 설워 하노라

3. 기숙사에 밤이 드니 벌레 소리 처량하다
묵은 방에 홀로 누워 옛 추억 그렸더니
무심한 달빛만 옛과 같이 비치더라

4. 그립단 말 거짓말이 모교 생각 거짓말이
은사님 뵙고 싶단 긔 더욱 거짓말이
날 같이 잠 아니 오면 소식인들 못 전하리

—단기 4284년(1951년) 9월 11일 姜庸鎬 선생님 시

겨울 잎새

윤기수(장남)

빛은 바래이고
구멍 뚫린 가슴이지만
잎새는 초록이고 싶다

껍질 덮인 가지에
변색을 바라지만
떨어져 짓밟혀 썩어져도

초록은 다시 잉태하며
봄을 꿈꾼다

—1978년 12월 5일

金海禮讚

윤창수(차남)

가락국駕洛國
수로대왕
탄강誕降하신 곳

신어산神魚山
굽이감아
서기瑞氣로와라

아득히
바다 건너
아유타 공주

파사탑婆娑塔
풍랑 재워
이르러시니

동방의
으뜸성지聖地
김해시라네

낙동강
천삼백 리
유구히 흘러

사시절
황금벌에
젖줄 물리고

만장대
우뚝 솟아
장군의 기상氣象

대대로
이어나갈
번영繁榮의 터전

찬란한
가락도읍
김해시라네

흥부암興府庵
동종銅鍾소리
새벽잠 깰 때

곳곳에
들려오는
부흥復興의 소리

사통달
산업동맥
활기 넘친다

문물이
풍요豊饒하고
인심人心도 좋아

여기가
살기 좋은
김해시라네

초선대
담시선인
금琴을 어루니

지금도
들리는 듯
학이 춤추네

예부터
우순풍조雨順風調
천하의 길지吉地

해마다
시화연풍時和年豊
태평성대라

억만세
보금자리
김해시라네

—2008년 戊子秋 玄林 윤창수 作

2.

추억이 흐르는 수필

칠석七夕

마당가 땡감이 살이 타는 가지 끝에 온종일 '매미' 가 울었다. 오늘밤은 견우 직녀가 만난다는 칠월칠석七月七夕이다. 이 밤 누가 있어 옆에 있었으면 좋으련만 아무도 없다.

낮에 성수 내외가 다녀갔다. 정원 풀섶에서 '나' 와 고독을 같이하는 귀뚜리의 곡조가 애절하구나. 텅 빈 자리, 정원 노둣돌 딛고 서서 광활한 칠석七夕의 창공을 어루만진다.

억만 년 세월에 지쳐 가로누운 하늘강, 은하수에 퐁당퐁당 아기별이 목욕을 하고 나는 아직도 호흡이 남아 있어 칠석의 삼경, 오작교를 건너는 견우 직녀를 동경하는가?

슬하에 7남매를 두어 건강하게 잘 자라주어서 감사했고 막내까지 짝지어 차례차례 분가시키고 나니 직업, 직장, 삶의 보금자리를 따라서 내 곁을 다 떠났다. 하니 어미로서 할 일은 다 마쳤는가 보다.

1954년 4월 20일 화창한 봄날. 만인의 축복을 받으며 당신과 혼인하여 윤씨尹氏가문의 종부로 살아온 지난날, 위로 어른 세 분, 십사오 명의 대식구를 간수하며 수발하느라 내 젊음은 찾아볼 수 없고 힘들고 어려웠던 지난 일, 그래도 소중했던 기억들이 가지 많은 나무에 잔잔한 바람이 일어 하늘강에 스쳐 흐른다.

당신은 국가 공무원. 부산, 마산, 충무, 포항, 인천 항만청 근무, 선박검사관, 꿈도 희망도 기대도 컸지만 이 항구 저 항구 언제나 가족은 나한테 맡겨 놓고 집을 떠나 외로운 운수행각雲水行脚 그대로의 삶이었다.

지금부터 48년 전, 함안군 군북면 중암리 안도부락 190번지 조용호 씨 집 앞마당에서 신랑 윤종보와 신부 조수증과 혼례를 치루었다. 신랑 측에 진주고등학교 동창생 우인대표 박영호 님의 축사, 한국해양대학교 우인대표 박명률 님의 축시, 신부 측의 군북초등학교 우인대표 정희집 님의 축사를 받고 그 외 많은 하객들의 축하를 받으면서 싱그러운 녹음에 싸여 성스러운 혼례식을 올렸다.

첫날밤 측은한 오빠의 눈빛, 철없는 내 손을 꼭 잡고 신방에 들여보내 놓고 서운한 오빠의 심정을 나는 잘 안다. 아직도 오빠의 따뜻한 혈육의 정情이 이 손끝에 저려온다.

신방에는 열두 폭 병풍이 둘러쳐지고 윗목에는 아담한 팔모상에 정갈한 주무상이 차려 있다. 상 옆에 청주, 감주, 목이 긴 백자 병이 나란히 놓여 있다. 황촛대 촛불은 몸을 태워 춤을 추고,

문 밖에는 상방(신방) 지키는 사람(집안 아주머니, 올캐들)이 문 구멍을 뚫고 수군수군 킥킥 웃으며 술렁거린다. 누렁이도 삽살이도 덩달아 이리 뛰고 저리 뛰고 짖어댄다.

할머니는 상방꾼을 제지하시고 꾸짖는다. 사랑방에 아버님도, 상방꾼이 심한 장난이나 할세라, 에헴 에헴 헛기침을 하시면서 아예 사랑방 문을 열어놓고 신방을 주시한다. 어미 없이 애지중지 키운 딸을 첫날밤 신방에 들여보내 놓고 우리 아버님의 심정이 어떠했으리. 너무도 엄격하시면서도 다정다감하시던 우리 아버지 혼자 한없이 눈물을 삼켰으리라.

황촛대의 황촛불은 4월의 짧은 밤을 춤을 추며 녹아내리고, 문밖 동정을 살피던 신랑이 하얀 술병을 들어 술잔에 술을 부어 신부 무릎 앞에 놓더니 연거푸 청주 석 잔을 부어 마신다. 다소곳이 떨고 있는 신부 옆에 상기된 신랑이 마주 다가앉는다. 쪽두리에 영롱한칠보장식 늘어진 보석이 파르르 떨리는데… 한 번도 본 적이 없는 생면부지生面不知의 남자 신랑의 '툭－툭－' 심장 뛰는 소리를 쪽두리 밑 신부는 감지할 수 있었다. 신랑은 자기의 신상, 신분을 간단명료하게 소개하고 떨리는 손으로 신부의 쪽두리를 내리고 반회장半回裝 노랑저고리 옷고름 고를 사르르 푼다. 문밖의 사람들이 숨을 죽이면서 술렁거리고…….

"잡시다. 밤이 짧으니 곧 날이 샐 시간이오."

한마디 하고는 원앙침을 반쯤 남기고 잠이 든다. 생각하면 아무것도 모르는 더구나 이성이라곤 더욱 모르는 스물한 살의 청순한 신부, 1954년 4월 20일 첫날밤을 떨면서 하얗게 지새며 날 밝기만 기다리는 앳된 신부! 이윽고 화촉 신방에 새벽을 알리는 홰치는 닭의 축복의 서곡을 들으면서 그 순간! 당신의 태초의 입맞춤이 그리고 무거운 의무와 책임이 공존하는 천명天命의 인장印章인 줄 미처 몰랐다.

당신을 먼저 보내고 오늘밤 지난 세월 그리움의 위안으로 살아온 가슴 한구석에 수줍게 간직했던 당신의 두툼한 입술 자욱을 저 은하수 하늘강에 씻기운다. 요요적적한 고향 선산 우거산 선영하에 이 밤도 부엉이, 풀벌레가 울어 지새리.

도래솔 가지에 걸린 초이레 조각달 그리메(그림자) 사이로 별빛이 쏟아지려니 오호라 칠석의 이 밤! 당신의 육신은 마디마디 즈려삭혀 영원한 흙의 품안에서 녹아지이다.

아스라히 멀어져 깜박이던 별 하나가 치마폭에 안기운다.

—2002년 음력 칠월칠석 삼경三更

고추밭 정취

계절의 여왕 5월을 마지막 보내는 날, 아쉬운 하루, 참으로 오랜만에 태양이 작열灼熱하는 오후. 이름 모를 풀꽃들을 밟으며 신당新堂 선생이 가꾸어 놓은 고추밭을 찾아갔다. 작은 웅덩이에 송사리가 지나간 물거품 위로 새파란 하늘이 보이고 뭉게구름이 지나간다.

고추밭은 비록 네모난 작은 밭이지만 사방에 걸림이 없어 햇살이 잘 들어서 좋았고 못자리와 이웃하여 가뭄을 덜 타서 더욱 좋았다. 따사로운 흙의 품에서 새하얀 비닐 이불을 덮고 돋아오는 아침 햇살에 영롱히 맺었던 이슬을 녹이고, 바람은 그 훈훈한 5월의 아카시아 꽃가루를 사정없이 날리는데… 뻐꾹이가 울고 송아지가 울고 한바탕 무논에 청개구리의 합창을 듣고 나면 한줄기 단비가 쏟아져 내린다.

솟구쳐

뻗쳐오르는 너의 정열情熱

밤이면

달님이 너의 전신을 애무하고

너를 안아다

귀貴한 손길, 그 정성精誠 보답하기 위해

개구리의 향연 속에

억만 번 공중으로 승화昇華하여

별들과 속삭이며

하늘나라

옥황상제로부터 받은 선물!

하－얀 '월계관' 을 쓰고 너는 왔다

너는 어쩜

아가의 고추를 닮았고

어느 한 사람

오고 가는 길목에서 너를 두고

얼마나

발걸음이 잦았으리

선생은 붓 아니 흙에서
또 희설憘說한다
그의 서화書畵만치나 잘 조화된
초록이 숨쉬는
살아 출렁이는 화폭이다

세월이 가면
너도 솟구치는 정열情熱에 못 이겨
빠알게 타겠지
무서리가 오기 전에
너도 타고 또 그도 타겠지?

고추밭머리. 누렁소 모자가 한가로히 풀을 뜯고 나는 구름이 지나간 웅덩이에서 아련한 추억을 건지고 있다. 그리운 고향 들녘! 향긋한 미나리꽝 기슭 작은 웅덩이 맑은 물에 '돌미나리' 캐는 해맑은 소녀少女의 미소가 떠오른다. 가재와 물방개, 올챙이를 잡던 소년少年, 풀씨꽃을 따서 꽃반지 만들어 끼고 줄달음치던 단발머리 소녀는 간데없고 불혹의 나이도 지나고 오십줄이 훨씬 넘은 삶의 지친 발걸음! 풀씨꽃이 만발한 논두렁 길을 추억 딛고 걷고 있다.

—1986년 5월 3일
개발 전 창원 성주동 내리 앞 들녘 고추밭에서

불곡사佛谷寺 은행나무

불곡사 세음루洗音樓를 가운데 두고 좌우左右에 솟구쳐 마주 서 있는 우람한 은행나무가 있다. 언제 어느 곳에서 출가하여, 짝지어 이 절 집에 시집왔는지 나는 모른다.

그 여름 큰 길 시내버스 정류장에서 내려, 가쁜 숨을 몰아쉬고 불곡사에 오르노라면 관음전 앞뜰에 아늑하고 풍성하게 우거진 가지 끝에, 쨍 하는 매미의 멜로디가 싱그러운 바람을 일으켜, 가쁜 숨결, 이마의 땀방울을 씻어준다.

그늘 밑 수도꼭지를 틀어 차갑게 솟는 물줄기에 손을 씻고 쭉 둘러 늘어선 수릿대 일렁이는 잔물결은 평소 심장병 지병을 앓고 있는 내 가슴에 더운 열기까지 말끔히 씻어준다.

봄, 여름, 창공을 위풍당당 줄기차게 치솟아, 그 풍만한 가슴 벌려 구름, 비, 이슬, 바람, 해님, 달님, 별빛의 애무에 한없이 적시우면서, 차별 없는 새들의 안식처, 아니 영원한 그들의 낙원이

외다. 감미로운 찬불송頌 피아노 선율 타고 더욱 조화로운 협주의 향연!

더없이 경이롭고 성스러운 경전이다. 우주의 질서는 거스를 수 없어 어느덧 관음사 둘레의 청청하던 수목들은 빛이 바래이고 그 짙푸른 초록의 향연을 펼쳐보이던 은행나무 그대! 그저께 11월 1일부터 노란 물감을 풀어 놓더니 11월 15일 오늘 상반신을 노랑으로 변신했다.

뇌성雷聲 우레 폭풍우 지나갈 때, 행여나 놀랠세라, 행여나 다칠세라 마냥 끌어안고 버티던 애틋한 분신分身 하나하나 새로운 시작을 위해, '낙엽귀근落葉歸根' 이라. 대지의 품으로 보낼 준비를 하는 슬기로운 자애!

11월 30일 스산한 바람이 이는 만추의 오후. 문득 합장하고 서 있는 내 앞에 선 눈부신 황금으로 치장한 화려한 계절의 여신女神!

아니, 황금으로 화신한 엄숙한 큰 불신佛身이여! 관음전 불단 한가운데 그 찬란한 황금빛 연화대 좌상에 모신 황홀하고 영광스런 금부처님의 미소를 오늘도 동경하시나이까? 나목한천裸木寒天, 묵묵히 서서 새봄에 새싹 틔우고 여름 내내 그 푸르름 가당찮은 초록의 기세 어찌하시고… 돌아올 봄을 위해 한없이 여유로운 스스로를 기다리는 화려한 체념! 노란 잎새는 동그랗게 동그랗게 나비 되어, 펄펄 허공으로 날아 앉고… 추억이 비껴간 관음전 섬돌 아래 샛노란 금방석을 당신을 위하여 지천으로 깔았습니다. 임! 당신을 위하여. —2000년 12월 3일 불곡사 관음전에서

매 미

오후 한나절 저만치 느티나무 아래 맑은 그늘을 깔아놓고 매미의 곡조 따라 8월이 가고 있다. 조용필도 흉내 내지 못할 절묘한 멜로디! 무슨 한이 그리 많아 노래인지, 울음인지, 저리도 애절할까? 희비가 엇갈린다. 아침 저녁 TV뉴스에는 누가 민족과 국가를 위하여 일할 지도자인지? 같은 배를 타고 온 대선 후보자의 서로의 인신 공격이 너무 심하고 지겹다. 또 한쪽에는 기독교 학생 선교단이 아프가니스탄 테러 인질극에 억류되어 한 사람은 이미 희생되었고 남은 선교단은 언제 풀어줄 것인지? 가족과 온 국민의 피를 말린다. 그래서 매미는 제 몸을 파르르 떨면서 저렇게 서럽게 서럽게 울고 있나 보다. 오랜 세월 유충으로 땅 속에 있다가 해마다 이맘때면 어김없이 찾아와 작은 몸 염천炎天에 불태우고 아무런 대가도 보상도 바라지 않는 예쁜 곤충! 바람 불고 천둥 치고 비 오는 날에는 작은 몸 가눌 길 없어 공포에 질려 눈

알까지 툭 튀어 나왔나? 서러움, 즐거움과 슬픔 마디마디 맺힌 가지 끝에 허물 하나 달랑 벗어 걸어두고 온데 간데 없는 소리 천사 사랑스런 한여름의 전령사! 이제 너의 노래를 들을 날도 얼마 남지 않았구나. 창문을 열고 보니 홍제봉 솔바람이 내원골 골바람을 안고 내려와 잠자리채를 메고 나온 영석, 희야 남매의 볼을 쓰다듬고 고추잠자리 날갯질 너머로 스치는 맑은 바람이, 늦더위를 식히는 내 모시적삼이 성글다.

더없이 맑은 하늘에 홍제봉 정상에서 피어오르는 근래 드문 희고 풍성한 뭉게구름이 장관이다. 청정무욕 평화로운 나만의 호사한 이 공간. 오늘 같이 한가로운 날에는 유유자적悠悠自適하면서 사방에서 들려오는 청량淸凉한 너의 노래를 들으면서 여름을 보낸다.

—2009년 8월 20일 한림산방에서

아가의 탄생

5월의 여왕은 너무나도 어렵게 귀여운 공주를 정숙貞淑에게 안겨준다. 5월 11일 새벽 5시부터 진통이 시작되더니 34시간의 뼈와 살을 에는 아픔, 이 세상 아기를 낳는 여자만의 고통, 어머니가 되는 거룩한 모험이다.

아픔, 힘, 땀, 비명, 붉은 피, 신神의 축복을 한데 모아 5월 12일 14시 2분에 핏덩이의 울음소리가 분만실 창문으로 흘러나온다. 몸과 정신을 가누지 못하는 탈진한 산모産母, 간호원이 안고 온 귀엽고 또릿한 아기다.

간밤에 궁금함과 염려 속에 연신 전화를 보내다가 천릿길을 달려온 아기 아빠가 엄마와 아기가 나란히 누운 산실 머리맡에 앉아 웃는 얼굴로 "수고했소." 한다.

산실産室 창 너머 자동차 소음 멀리 어디선가 뻐꾸기 우는 소리가 들린다.

—1984년 5월 12일 산실産室에서 딸의 산고産苦를 보고

노래 교실 칠 년째를 맞으며

선생님, 벌써 어언 칠년. 빠른 세월에 새삼 감회에 젖습니다.

항상 수고하는 최진옥 선생이 배부하는 출석카드를 손에 들고 강당에 들어오는 회원들의 하나 같이 밝은 표정들, 5월 9일 금요일 새학기가 시작되는 날.

첫 수업시간. 훤칠한 키에 미남인 선생님이 강당에 들어오실 때 모두들 소녀처럼 설레고 고맙고 반가운 마음으로 박수를 보냅니다.

육순, 칠순, 고희를 넘긴 우리들이 훌륭한 스승이 옆에 있어 노래를 배울 수 있다는 즐거움을 어디에 비하랴.

"어머님들, 한 주일 동안 안녕하셨습니까?"

선생님의 다정한 인사에 반갑습니다. 박수…. 서로의 인사에 이어 스승의 날을 앞당겨 우리들의 작은 성의를 전하고 발성 연습을 생략한 첫곡은 '홀로 아리랑' 왈츠로 시작하여 신나는 반주가 흐르고 노래가락에 몸을 실어 복부로, 가슴으로 율동과 함께 노래에 마음을 섞어 부르라는 선생님의 가르침에 자신의 주제도 나이도 잊은 채, 가쁜 호흡 몰아쉬며 기쁜 일, 슬픈 일, 근심, 걱정 다 쏟아낸 후련한 가슴으로 강당 안은 한바탕, 행복과 환희의 물결이 출렁이고… 창밖에 모란은 뚝뚝… 무너져 내려앉아 자취를 감춰도 신록은 짙어 감미로운 피아노 선율 매혹적인 선생님의 노래소리는 오월 훈풍이 실어 향긋한 녹음에 울려퍼지고….

미처 뒤돌아볼 겨를도 없이 살아온 나날들 위로 어른 공경, 하늘 같은 지아비, 자식들 뒷바라지, 섬섬옥수 고운 손길 푸른 젊음의 인상은 다 어디 가고… 그래도 허리띠 졸라매고 자식들 학비 걱정하던 지난날들이 오히려 그리워지는 주름진 얼굴들! 평생을 공직에 몸담아 헌신한 분도 여기 있어 많이 배우고 적게 배우고 나이가 들면 다 하나가 된다는 평범한 진리, 옆자리에 앉아 이 시간에 같이 노래하던 친구가 홀연히 유명을 달리한 것을 생각하니 마음이 숙연해진다.

즐거운 노래 시간이 끝나는 시각, 잊으신 물건 없이 하나하나 잘 챙기시고 몸조심, 차조심, 건널목길 신호등을 잘 살피라는 선생님의 간곡하고 자상한 당부를 가슴에 새기며,

이제 그대들은
어제도 가고 또 오늘도 가고…
세월 따라 가고야 말

그대들이 부르는

황혼의 블루스는

저기 저무는

호숫가에 젖어 흐른다

선생님, 수고했습니다.

—2003년 5월 9일 2학기 첫 수업시간
경남여성회관 노래교실 회장 시절

초등학교 동기생 영전靈前 조사弔辭

—의학박사 차옥자

오늘은 강남 갔던 제비도 돌아온다는 삼월삼짇날. 당신은 어쩐 일로 가야만 하십니까? 당신이 거느려야 할 권속과 당신의 의술을 기다리는 병원을 누구에게 맡기고 가십니까?

작년 초여름 당신의 건강이 걱정되어 내가 전화를 들었을 때 이제 건강이 회복되어 병원도 개업하고 앞으로는 고향에도 자주 내려가서 아버님이 손수 묘목을 가꾸어서 심어 놓으신 가로수도 보고 동창회도 꼭 빠지지 않겠노라고 하시던 당신! 옛 동무들의 안부를 하나도 빠짐없이 챙기시던 그 총기! 소녀같은 그 낭랑한 음성이 아직도 내 귀에 쟁쟁합니다. 나의 건강을 오히려 걱정하고 약까지 보내 준다던 당신이 그 후 다시 산 설고 물 설은 언어도 통하지 않는 먼 이국 땅에서 외로운 투병생활을 하신다기에 놀랬습니다.

당신이 그렇게 오고파 하던 동창회는 지난 8월 14일에 했습니다. 참석자는 45명, 여자는 불과 5명이었습니다. 옛 친우들은 당신의 내외분이 빠진 것을 매우 섭섭하게 생각했습니다. 당신의 건강과 당신의 가정을 걱정하고 하루속히 당신의 쾌유를 빌었습니다. 그날은 옛 은사님도 두분 모시고 모교에서 간단히 식을 마치고 모교에 체육후원금으로 금일봉을 전달했습니다.

여흥 장소는 우리들 어릴 적 소풍 갔던 '고바위'로 정했습니다. 병풍처럼 둘러진 기암절벽 아래로 흐르는 맑은 물, 매미의 향연 속에서 시원한 나무그늘 아래 둘러앉아 서로 술과 안주를 권하면서 지나간 세파의 시달림을 다 잊었습니다. 그야말로 신선이 노는 한폭의 그림이었습니다.

어언 33년 만에야 동심으로 돌아가 고향의 흙내음과 향기를 마음껏 들이마셨습니다. 그런데 당신은 언제 어디서 옛 동무들과 지나간 정분 나누며 손 마주잡고 손뼉 치며 노래하고 즐기겠습니까? 온다는 아무 기약도 없이 당신은 어쩜 그리고 무정하십니까? 당신이 사랑하시는 부군과 애지중지하던 두 아들의 호곡 소리가 들리지 않습니까? 당신의 노부모님께서 애통해 하시는 모습을 차마 볼 수 없습니다. 당신을 아끼던 조객들의 슬픔과 눈물이 어우러진 사이를 가르며 '백팔번뇌' 다 잊고 당신은 잘도 갑니다.

당신이 30여 년 동안 살아온 서울을 벗어났습니다. 큰 길을 지나고 작은 길을 지나고 개울을 건너고 과수원을 지나고 보리밭을 지나갔습니다. 아깝고 애석한 당신이 가는 길에 햇살도 포근

합니다. 파릇한 풀포기도 일어섭니다. 당신이 가는 길에 매화꽃, 살구꽃도 피었습니다. 당신이 가는 길에 제비도 흰 띠를 두르고 검은 상복을 입었습니다. 노고지리도 하늘 높이 떠서 웁니다. 당신의 가슴 위에 덮인 빛나고 자랑스런 '의학박사' 붉은 비단폭 '명정銘旌'에 노랑나비가 너울너울 따라갑니다.

당신이 잠드실 유택 산등성이에 진달래 꽃망울이 졌습니다. 진달래가 피고 달이 밝으면 두견새도 울 겁니다. 눈물 콧물로 범벅이 된 당신의 아들! 앳된 두 상주가 당신의 가슴 위에 흙을 덮습니다. 태산처럼 당신을 믿었던 당신의 부군이 마지막으로 당신에게 고운 잔디를 입혔습니다. 고이 잠드소서. 삼가 명복을 빕니다.

—1984년 4월 3일

군북초등학교 제24회 동창회 대표 조수중

친오라버니 제문祭文

유세차維歲次 기유년己酉年 사월 신묘삭辛卯朔 십오일 을사乙巳는 현 백남 함안조공 소상지일小祥之日(1주기 제삿날)이라. 금일 석전釋奠에 불매 윤실은 오빠의 영전에 분향 애통하옵니다.

오빠! 연연한 향내음 풍기는 제상 아래서 오빠를 부르심이 웬 일입니까? 불러도 대답 없는 오빠의 사진 앞에서 혈육의 지정 치솟는 슬픔을 무엇으로 형언하오리까? 정말 하늘도 무심하외다. 여기 천진난만한 우리 정희 사남매가 흰옷을 입고 아빠를 부르며 우는 꼴은 차마 볼 수 없습니다.

오빠! 오늘은 우리 형제가 다 모이고 오빠의 옛친구 오빠와 같이 농대에 청춘을 바친 교수님들, 오빠의 사랑하는 제자들이 다 왔는데 나와서 반기지 않으시고 왜 이다지 말씀이 없사옵니까? 그렇게 다정다감하시던 우리 오빠 부부의 정, 자식의 정, 형제의 정, 친구의 정, 제자의 정 다 어찌하시고 이토록 침묵하시나이까?

뉘가 동기간이 없으리오마는 오매불망 우리 오빠 나이 불과 열 살, 내 나이 다섯 살, 내 동생 두 살 때 엄마가 떠났으니 그때의 우리 아버님 심정 연만年晩하신 할아버님, 할머님 상심이 어떠했을까? 우리 할머님과 정수 언니의 엄마 대신 우리를 거둘 적에 후덕하신 젊은 우리 엄마 지성으로 우리를 길러주시니 애지중지 귀하게 자라나서 학교에 다닐 적에는 공부도 일등이요, 운동, 씨름도 일등이요, 하늘의 별따기보다 어렵다는 진주농업학교에 우수한 성적으로 합격했을 때는 축제 분위기에 여러 사람들의 축하를 받았습니다. 하나밖에 없는 손자라 할머니의 생전에 손부 보기를 염원하시나 오빠 나이 불과 17세, 홍안紅顔의 미소년이 성취하니 함주 대가 재령이씨 현숙한 우리 형아 맞이하니 화용월태花容月態 그 자태를 뉘라서 부러워하지 않으리오. 진주학교에 다닐 적에 새벽밥을 먹고 마냥 즐거운 걸음으로 오빠 뒤를 다라가던 기차통학하던 시절, 그 무서운 6 · 25사변 때의 고생, 지난날의 기쁜 일 슬픈 일이 주마등처럼 역력히 떠오릅니다.

찌는 듯한 칠월칠석七月七夕 남산 벌판에서 폭격을 당하고 삶과 죽음의 갈림길에서 구사일생으로 빠져나와 '개티고개' 에서 형아가 대포 파편에 다리를 관통을 했으니 피는 흐르고, 그때의 아버님의 용안, 행여나 오빠가 다칠 세라 그 아비규환의 전경全景이 아직도 선합니다.

부상한 형아는 마산도립병원에 입원시켜 놓고 사태가 긴박해지자 외갓집 3층에서 숨어지내다가 하는 수 없이 오빠는 UN군

입대하면 일본 구주에 가서 한 달 훈련을 마친다는 것이 불과 일주일 정도 훈련시켜 총 쏘는 것만 익히고 전선에 보내졌다 하니 얼마나 고생이 많았겠습니까?

오빠를 훈련소에 보내놓고 나와 병아리 같은 동생 둘을 데리고 어머님과 피난길 웅천 가는 큰 배를 타고 갈 적에 그때의 그 서글퍼 하시던 아버님의 용안이 지금도 눈에 선합니다. 하나밖에 없는 자식 전선에 보내놓고 한탄 · 자탄하시던 우리 아버님, 그래도 산사람은 그 이듬해 4월달에 그 걸출한 호연지기 기상! 건장하신 체구에 황소목을 하시고는 M1 소총을 메고 동네 입구에 들어오시던 그 늠름한 기상은 어디 두고 다시 찾아오시지 않으십니까?

뜻밖에 비운은 또 우리 집에 찾아들어 그렇게 강직하시던 우리 아버님 회갑도 못 넘기시고 별세하시니 팔순의 할머님과 젊으신 우리 엄마, 철없는 동생들, 태산같이 많은 짐을 오빠에게 다 맡기고 가시니 그때의 애통해 하시던 오빠 심정! 아버님 대신 오래오래 만수무강하셔서 부귀영화 누리며 그 말 하고 살아가실 줄 믿었더니 인생사십년人生四十年으로 가고야 말 우리 오빠, 짐도 걱정도 많았습니다. 다만 명예의 약속도 없이 기다리던 권세도 없건마는 한평생을 교육사업에만 몸을 바치시고 피로한 몸으로 아픔을 무릅쓰고 학문 연구, 학교 일 교단에서의 그 열정! 청춘을 몽땅 바쳤습니다.

작년 정월에 홀연히 저의 집을 다녀가시며 어린 것들 데리고 고생할까봐 내 걱정 하시더니… 언제나 병상에 누워계시면서도 다른 사람 건강을 더 걱정하시던 우리 오빠. 남을 위하는 그 아까운 마음씨 어디에 가서 뵈옵겠나이까?

산천초목은 예전과 다름이 없고 싱그러운 녹음의 향기는 여전하온데 작년 이맘때 부산병원에서 캄캄한 새벽에 앰뷸런스를 불러 오빠를 태워 보내고 다시 한번 삶과 죽음의 갈림길에서 인생의 허무함과 눈앞이 캄캄하여 하늘과 땅을 분간하지 못했습니다. 생시에 그 고매하신 인품과 인자하신 성품, 빙긋이 미소 짓는 오빠의 사진 속의 용안이 자비로운 부처님 화상으로 화하고 있습니다.

오호라 영령이여. 편히 쉬시옵소서. 우리 오빠 영전에 길이 명복을 빕니다.

—기유년 4월 14일 여동생 재배再拜

은사님 영전靈前 조사弔辭

—농파 조영제 선생님

큰 별이 떨어졌습니다. 온 천지가 텅 비었습니다. 저에게는 은사님이시고 친 동기 남매처럼 생각하는 자상한 오빠였습니다. 저는 한 분밖에 없는 오빠를 사별한 후에는 출가하여 객지에 살면서 고향을 생각하고 친정 오빠가 보고 싶을 때는 대신 오빠가 계셔서 든든했습니다. 언제까지나 오래도록 고향을 지켜주실 줄만 믿었습니다. 가끔씩은 편지도 보내주시고 저에게 귀감이 되는 '일필휘지一筆揮之' 서예작품도 보내주셔서 감사했습니다. 대대로 가보로 보존하겠습니다.

지난번 조정 회장 편으로 친국 형님께서 별세하시고 오빠께서 병원에 입원하셨다는 소식은 들었지만 현대의술만 믿고 회복하셔서 군북 집에 내려오실 줄만 믿었습니다. 생전에 한번 더 못 뵈온 것이 후회스럽습니다. 한평생 후세를 위한 교육계에 몸담아 수많은 훌륭한 제자를 길러냈습니다. 그 중에도 특히 우리 군

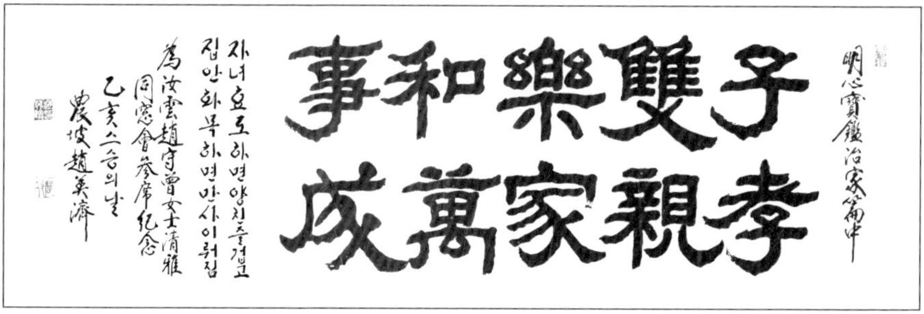

農坡 趙英濟 선생님께서 보내주신 글▲

북초등학교 24회 제자들을 특별히 애지중지 사랑해 주셨습니다. 당신의 그 비범하신 재능과 재주, 당신의 그 정열을 아낌없이 후세 교육에 전수하시고 청춘을 불살랐습니다.

그것뿐입니까? 함안 조씨 문중에 오빠의 그 큰 자리를 뉘라서 메꾸어 줄런지? 농파 조영제 선생님 가시는 길에 하늘도 슬퍼서 울고 있습니다. 비가 내립니다. 편히 잠드소서. 오호 애재 오호 통재.

—2008년 7월 21일 군북초등학교 24회 대표 조수증

송사送辭

—노래 교실 김호식 선생님

선생님! 선생님 앉으시던 텅빈 자리를 누가 와서 메꾸어 줄런지?

노래 교실 강당을 훤하게 꽉 채우시던 선생님! 섭섭한 마음 이루어 말할 수 없거니와 허전함을 가눌 길 없습니다. 정해년 한 해가 저무는 것도 우리에겐 서글픈 회한인데….

그동안 오랜 세월, 세월 속에 노래 속에 봄눈처럼 포근히 쌓여온 정情, 실타래 같이 엮어온 끈끈한 정情을 어찌하시고 이렇게 갑자기 우리 곁을 떠나시려 하십니까?

언제까지나 오래도록 우리 곁에 계실 줄만 믿었습니다.

나이가 많은 탓으로 잘 받아들이지도 못하는 우리들에게 노랫말, 발음, 박자, 감정, 표정, 율동까지 하나하나 빠짐없이 열과 성의를 다하여 목이 아프도록 마음에서 우러나는 사랑으로 노래를 가르쳐주신 선생님!

곱디 고왔던 우리들의 젊음은 낡은 사진첩 빛바랜 흑백사진 속에서만 찾아볼 수 있는 아련한 회심의 추억일 뿐, 다시는 되돌릴 수 없는 허무, 과거와 현재의 뒤안길, 생각하면 의무와 복종으로만 살아온 길!

이제는 막다른 황혼의 길 저만치 선 인고의 삶, 세월에 부대낀 주름진 얼굴에 기쁨과 즐거움, 행복의 웃음꽃을 안겨준 고마운 은혜! 경상남도 여성능력개발센터, 할머니 노래교실 3,002명 회원들은 이 세상에 사는 날까지 영원히 잊지 않겠습니다.

일주일을 내내 기다리다 금요일이 되면 분단장 곱게 하고 제 나름대로 본새를 내면서 노래교실 강당에 들어오면 잘 정돈된 쾌적한 환경, 신명 나는 반주기, 심금을 울리는 선생님의 피아노 반주, 청아한 선율, 선생님의 열정적인 노래 소리!

이제 그 환희의 소리가 오늘 부르는 작별의 노래 소리에 실려, 애틋한 그리움의 메아리로 남아 우리들의 귓전에 맴돌 것입니다.

노래 수업이 끝나는 시각, 빠뜨린 물건 없이 잘 챙기시고 계단에 내려가실 때 조심조심 집에 가시면 문단속, 불단속, 여름이면 선풍기 가열 조심, 겨울이면 찬바람에 감기 조심, 차에 오르내릴 때 치마자락 조심, 길목, 건널목, 신호등을 잘 살피라는 지극한 염려의 다정하고 자상한 목소리를 멀지 않은 훗날 다시 들을 수 있도록 기약하면서, 끝으로 예쁘고 사랑스런 사모님, 선생님을 보필하는 그 모습 참으로 아름답습니다.

부디 선생님, 사모님 내외 건강 잘 챙기시고 김호식 선생님 가시는 걸음걸음 노래꽃을 피우소서. 무자년 새해에는 더욱 행복하세요.

—2007년 12월 28일
경상남도여성개발센터 할머니노래교실
회장 조수증

3.

추억이 흐르는 편지

(시)아버님 전 상서

그저께 어머님께서 무사히 대전에 도착했습니다. 그동안 아버님, 어머님 기력 여전하시고 온 집안이 별고 없사옵니까? 이번에처럼 등록금과 불초 저희들을 위하여 金貳萬원까지 장만하시느라 얼마나 고심하셨사옵니까? 봉급이 제때 나왔으면 아버님 한 번 올라오실 것을 아뢰었을 것인데, 만사가 뜻대로 되지 않습니다.

근번 신규 발령자에 한해서는 정부 예산이 부족하여 4월 초에 봉급이 지불된다 하오니 과히 상념 마오소서. 그리고 이곳에서 고추씨를 구하여 놓았습니다. 어머님 가시기 전에 고추를 갈지 말아 주시기 바랍니다. 이번에 기수麒洙란 놈을 국민학교 입학식 했다는 소식 듣고 기쁨과 슬픔이 교착됩니다. 이때까지 집에서 어리광만 부리고 있다가 학교에 가게 되면 갑작스레 생활에 변동이 생겨서 어떤 아이는 이 시기를 잘 넘기는 애가 있는가 하면 어떤 아이는 이 고비를 못 넘기어 큰 걱정거리가 되는 수도 있습니다. 우선 큰 변화는 시간관, 규칙적인 생활을 하기 때문에 좋은 습관을 길러주어야 합니다. 요즘 사회는 그 아버지는 바깥에서 일하시고 자녀교육은 그 어머니에게 달렸습니다. 할아버지 할머님에게만 맡겨놓고 있기에 어미로서 그냥 있기에 죄스러워 신입생을 둔 《가정교육》이란 책을 읽고 요점 몇 가지를 별지에 적어 보냅니다. 그러면 내내 안녕하시기를 빌며, 어머님께서는 한 일주일 계시다가 내려가실 것이오니 그리 아옵소서

—신축년 三月十四日 식부 사림

〈별지〉

기수야, 할아버님 할머님, 아주머니 말씀을 잘 듣고 꼭 이대로 실행하여라.

① 일찍 자고 일찍 일어날 것.

② 아침에 일어나서 꼭 세수하고 소금으로 이를 깨끗이 닦을 것(이를 갈 때 양치질을 깨끗이 해야 튼튼한 이가 돋는다).

③ 아침밥은 등교하기 전 반 시간 전에 끝나도록 한다.

④ 학교 가기 전에 대소변을 보고 가도록 습관을 들일 것.

⑤ 학교 갈 때는 "다녀오겠습니다." "잘 다녀오너라." 학교에서 돌아왔을 때는 "다녀왔습니다"라고 인사할 것(잘 다녀왔느냐고 인사를 꼭 받습니다)

⑥ 처음 며칠 동안도 어른이 따라다녀도 좋지만 혼자 보낼 때는

교통사고에 각별히 주의할 것(길은 왼쪽으로)

⑦ 학교에 갔다와서는 소금물로 입을 씻고 낮 씻고 손발을 깨끗이 하고 밥을 먹을 것.

⑧ 엎드려서 공부하지 말고 바른 자세로 책상에서 공부할 것.

⑨ 어두운 호롱불 밑에서 공부하지 말 것.

⑩ 정신발육이 늦어서 설사 다른 아이에 비해 뒤떨어진다 하더라도 바보니 멍텅구리니 하지 말 것(그렇게 하면 아이는 정말 제가 멍텅구리 바본 줄 알고 그 성격이 점점 이상해짐)

⑪ 옷은 단정히 입힐 것. 제 옷 제 책 학용품은 질서 있게 정돈할 것.

⑫ 집단생활을 하니까 여러 가지 전염병에 조심할 것(눈병, 백일해, 티푸테리아, 결핵, 항상 몸을 깨끗히 하고 예방주사를 맞도록 할 것)

⑬ 결핵이 전염되지 않는 아이에게는 'BCG' 왁진 예방주사를 맞도록 할 것.

⑭ 생활환경이 변하고 갑작스리 시간을 규칙적으로 하니 학교엘 갔다오면 드러눕고 머리가 아프다고 하고, 몸이 쇠약해집니다. 이것을 학교병이라고 합니다. 심하면 전문의에게 진단을 받아야 합니다.

⑮ 제 물건에는 꼭 이름을 써 붙일 것.

이상 요컨대 1학년 신입생에게는 세심한 조심과 좋은 습관을 길러주기 위하여 학교에서는 선생님이 집에서는 부모님이 혹은 조부모님이 다같이 아이의 장래를 위하여 노력합시다. 학교에만 보내면 제대로 잘 되리라고 바래서는 안 됩니다.

—三月三十日 《가정교육》 잡지에서

기수야, 할아버님 할머님 말씀 잘 듣고 선생님 말씀 잘 듣고 학교서 잘 다니면서 공부 잘해라. 엄마가 집에 갈 때 좋은 책가방 사가지고 갈게. 창수는 작은 예쁜 가방도 사가지고 가지.

대전에서 엄마가 보고싶은 기수, 창수에게

—신축년 三月三十日

파성 설창수 선생님께

선생님. 선생님께서 주신 글 큰 영광으로 생각하오며 평생 소중히 간직했다가 대물림하겠습니다.

선생님, 필筆을 드니 지금부터 35년 전 옛일이 생각납니다. 저희들은 세라복에 단발머리 앳된 소녀였고 선생님께옵서는 30대 미남시인, 개천예술제제전에서의 흰 두루마기 차림의 선생님 모습은 학처럼 고결하시고 어쩜 그렇게도 당당하시었는지 불꽃처럼 쏟아져 나오는 정열은 진주晋州 시민들의 가슴에 그리고 제전祭典에 참석한 모든 이의 가슴을 가득 채웠습니다.

그런 선생님과 어느 날 오후 저희들 모교母校 강용호姜庸鎬 선생님과 학우學友 56명과 함께 도동 나루터의 뱃놀이는 아직도 잊을 수 없습니다. 통나무로 아무렇게나 만든 배, 석양의 남강물을 가르며 그 푸른 강물, 어머님 쪽빛 모시치마폭이었습니다. 푸른 물 강둑에 빨래하는 방망이 소리가 지금도 귀에 쟁쟁합니다. 그

설창수 선생님께서 보내주신 글▲

시절 싱싱하고 아름답던 시절 이젠 오십五十 고개를 훨씬 넘고, 친손자 외손자를 보게 되었습니다. 선생님께서는 칠순을 잡수셔도 전화 속에서 들리는 육성은 아직도 낭랑하시어 너무도 반갑고 믿으옵니다.

선생님, 아쉽게도 뽕밭, 누에고치, 온갖 정서가 아롱졌던 저희들 모교 기숙사는 자취도 없어지고 지난 그 시절이 하나하나 되살아 오릅니다.

춘잠기春蠶期 때의 뽕따기 누에밥 주기, 똥가르기, 4월의 짧은 밤을 설치고 나면 어찌 그리 잠도 오든지…. 단아하신 맵시에 자상하시면서도 그리고 엄하시던 설 사감薛舍監 선생님, 지금 생각하니 어느 책에 나오는 B사감 그대로였습니다.

선생님께서 작사하신 저희 모교 교가, '촉석루 하늘 멀리 솟은 지이봉 장사와 곧은 님의 절개를 받아 남강물 흘러가고 대숲 짙

은데 뽕나무 한 벌판에 이룩한 학원 그 이름 고을래라 진주 여잠 한 나라 누에 치는 아가씨들…' 을 들뜬 소녀처럼 불러보며 선생님을 다시 한 번 생각합니다.

별봉에 싼 것은 저의 작은 성의오니 거두어 주시고 내내 건강健康하시옵소서.

—1986년 9월 27일 창원에서

장남 기수에게

기수麒洙야, 보아라.

네가 어머니 하고 부르며 대문을 들어서는 것 같이 눈에 선하고 보고 싶은 차에 너의 서신을 받아보고 반가웠으며 그동안 용돈도 많이 궁색한 줄로 안다. 이곳 집은 할아버님 할머님 기력氣力 여전하시고 너의 아버님 건강은 아직 그 후유증이 말끔히 가시지 않고 늘 신경을 써야 하겠다. 좋은 날씨에 한 번 다녀가지 그래. 자꾸만 기다리게 되는구나.

기수야, 4월은 꽃이 피고 꽃이 지는 계절! 우리 집 정원을 뒤덮는 천리향 향기 목련, 동백꽃, 앵두꽃, 처녀꽃, 꽃도화, 박티꽃은 다 지고 마지막 4월을 장식하는 라일락, 모란이 한창이다. 내일 모레면 담장 울타리서 등꽃이 수수 이삭처럼 늘어지게 피겠구나. 꽃을 날린 물오른 백목련 가지에 새 잎이 새롭고 겨우내 우리 집 식탁 위에 푸성귀로 입맛을 돋구던 '되살이'(겨울초) 장달이 노란 꽃이 더욱 조화를 이룬다.

창수昌洙는 지난 4월 15일 잠깐 외출 나왔다가 집에 다녀갔다. 그날은 우리 집 앞길가에도 벚꽃터널을 이루었고 꽃이 만발한 우리 집 정원에서 나와 둘이서 사진만 찍고 가버렸다.

천지天地만물이 그렇듯이 제 자식은 언제나 품안에 슬하에 두고 살고 싶은 게 어미 마음이다. 기수麒洙, 창수昌洙가 장성해서 어엿한 군인인데도….

기수야, 이달에는 우리 집에 크고 작은 행사가 많았다. 4월 6일은 할아버님 생신일, 외할아버지 제사, 4월 20일은 아빠 엄마의 결혼 25주년, 25년 전 그날에도 꽃잎이 흩날렸다. 실로 한 일도 없고 너의 아버지의 건강도 좋지 않고 나도 이마에 주름살 늘고 머리카락도 희끗 남은 것이란 너희들 7남매뿐, 별다른 후회는 없건마는 너희들에게 한 가지도 흡족하게 못해 주어서 어미 가슴 몹시 아프다.

4월 22일은 할머님 제사, 성수 · 인수 소풍, 계숙이 · 홍수 소풍, 연일 바쁜 나날이다.

정숙貞淑이는 '카니발' 인가 뭔가 한다고 파트너가 없어 고민 끝에 마침 기승이가 와서 파트너가 되어주고 그날 사회도 기승이가 보고 신이 났더란다.

그리고 우리 집에 식구가 하나 늘었다. 군에 제대한 복학생인데 경대 행정과 2년생인데 건강하고 성실한 사람 같더라. 요즘 마산에는 하숙 구하기가 어려워 우리 집에 와서 사정을 하길래 성수 공부에 도움이 될까 싶어서 성수聖洙 방에 같이 쓰기로 했다. 고향은 진양군 수곡 싹실이란다.

기수야, 틈틈이 공부를 하여라. 3년이란 공백기를 제대해서 채울라면 힘이 많이 들겠지? 요즈음은 공부만 잘하면 유학도 간다 하니 우리 같이 경제가 어려운 사람도 가능할런지? 날씨가 좋고 하면 사람들은 더구나 젊은이들은 산과 들을 찾아 자연을, 꽃을 찾아다니고, 거리의 여인들의 봄옷자락 속에서 배릿한 살냄새를 맡으며 산발하는데…. 너희들은 군인으로서 동시에 대학생으로서의 품위와 본래의 신분을 지켜 다른 사람들의 모범이 되어라. 오늘 이 시각이 지나면 다시는 되돌아오지 않는 이 귀중한 청년 시절에 몸과 마음이 더욱 건강하여라.

— 기미己未년(1979년) 4월 25일 마산에서 어미가

큰며느리에게

며늘아기 보아라.

보도에 '플라타너스' 낙엽이 뒹굴고 겨울살이 준비를 해야 될 때이구나. 지난 11월 12일은 귀한 손님, '레이건' 대통령께서 서울의 가로수 낙엽을 밟고 우리나라에 오셨다. 우리나라의 안보安保를 위해 역사적인 정상회담을 마치시고 14일에 가셨다.

레이건 대통령이 우리나라 국회의사당에서 연설하는 것을 TV에서 감명깊게 보았다. 우리나라 국회의장께서 자기 부인 '낸시' 여사를 소개하실 때 영부인 '낸시'를 바라보는 그 자상하시고 사랑에 가득찬 눈초리, 그 미소는 낸시에 대한 사랑과 온누리에 자유와 평화와 사랑을 안겨다 주는 여신상이 아니고 '남' 신상이었다.

지난번 시국이 자꾸자꾸 시끄러울 때는 자식들을 동서남북으로 흩어놓고 불안한 마음과 최전방에 있는 성수聖洙를 생각하고 잠을 못 이루었다. 그리고 너의 태중胎中에 있는 우리 귀여운 아기가 좋은 세상, 평화로운 이 땅에 태어날 수 있게 신神에게 빌었다.

아가, 우리 기수麒洙는 처음 혼인할 때도 말했듯이 우리 종문宗門의 종손宗孫으로 우리 문중門中을 대표하는 사람으로, 그 기대가 크며, 너 또한 우리 집안의 종부宗婦로서 우리 집안 여인들의 표본이 되어야 할 것이다. 자고로 종손은 한 사람이지만 자손들은 그 수가 많아서 그 책임이 중重할 뿐더러 보는 눈이 많아서 여차하면 비난도 따른다. 내 말 명심하도록 하여라.

어려운 우리 집에 시집와서 층층시하 여러 형제 그 소임이 다른 사람의 갑절이나 되고 보니 너희 내외가 안쓰럽기 짝이 없구나. 그러나 어찌하겠나. 우리 기수麒洙를 잘 보필하여 희망과 용기를 북돋우어 주어라. 나는 언제나 마음뿐 모든 것이 마음대로 되지 않고 좀더 넓은 공간, 넓은 집을 장만하여 태어날 우리 아기가 활기차게 뛰어놀 수 있는 집이 없어 마음 아프다.

처음 너희 내외가 서울에 올라갔을 때 사부인께서 딸의 살림을 차려준다고 얼마나 수고를 하셨는지, 그리고 너의 오빠 내외도….

그 뒤에 내가 올라갔을 때도 집은 비좁고 신개발지라 모든 것이 불편하고 입주가 덜 되어서 쓸쓸하고 삭막해서 그런 외곽지대에 두고 돌아서서 오니 자꾸자꾸 마음이 짠하고 아팠다. 내 마음이 그러했는데 사부인께서는 오죽했겠나. 내가 정숙貞淑이를 시집 보내고 보니 더욱 사부인 생각이 나더라.

아가. 고춧가루, 마늘은 부피가 많아서 우송은 불가능할 것 같다. 마산에서 김장을 하든지, 가능하면 내가 서울로 올라가서 정숙이 집 김장하고 해주고 오고 싶은 마음인데 그렇게 될런지 모르겠다. 우리 인수도 공부 열심히 하고 건강하겠지. 만삭이 가까운 네가 새벽밥을 짓느라고 고생이 많다. 무엇보다 너희 내외 건강에 유념하기를 바라며 이만 줄인다.

—1983년 11월 16일 마산에서 엄마가

맏사위 하서방에게

하서방, 보게나.

그날 서운하고 아쉬운 마음으로 하마下馬하여 정숙貞淑이의 건강이 염려되더니 차차 건강이 회복된다니 다행한 일이네.

하서방, 자네와 정숙이는 하늘이 준 인연으로 오랜 세월에도 변함없이 둘다 대학을 나온 지성인의 만남이라 다른 사람들의 선망의 대상이기도 하이. 전에도 그렇거니와 장부丈夫다운 자네를 사위로 맞고 우리 두 내외는 귀하고 사랑스러운 정情 가눌 길 없으며 우리 정숙貞淑이를 아는 사람들은 좋은 신랑 만나서 잘 살리라고 모두들 이야기하고 있네. 하지만 자식이 60이라도 걱정을 하는 것이 부모 마음이라 대학을 나온 정숙이를 시집 보내고도 국민학교를 갓 나온 어린애같이 생각되어서 항상 짠하고 안쓰러워지는 것이 안부모의 심정心情인 것 같애.

빈손으로 보내놓고 아픈 마음 내 흔한 눈물로만 씻어버리려고 애를 쓰나 쉽사리 지워지지 않네. 하河 서방, 조금은 언짢은 일일랑 넓은 마음으로 관용을 베풀고 천부天賦의 사랑이란 무쇠처럼 식어가는 것이 아니고 샘물처럼 솟는 것, 정숙이의 '일편단심' 은 변함이 없을 걸세. 학교를 갓 나온 햇병아리 신부가 아직 마음의 준비도 할 겨를도 없이 생소하고 낯선 사람들 두려움 속에서 초임의 고충이 많이 따랐을 것이고, 건강하고 발랄하고 순진하고 착한 정숙이가 첫아기 태동胎動에서 오는 두려움, 입덧, 피로, 신경과민, 우울 이 모두가 혼자 감당하기 어려웠을 것이고 자네의 따뜻한 위로와 보살핌이 필요했을 것이네.

임신 2~3개월의 심한 고생도 다 겪고 이제는 한시름 놓았는가 했더니, 마산에 오르내린 탓일까. 임부는 절대안정이 필요한데, 제 자신도 그랬거니와 좀더 주위 사람들이 관심을 가져 주었더라면 그런 서운한 일은 없었을 것을. 신이 주신 거룩한 선물을 잃었는가 싶네. 그리고 사부인께서도 매우 서운해 하실 것이고.

그러나 지금은 다 엎지르진 물 다 잊어버리고 서로가 건강한 마음과 건강한 몸으로 서로 감싸주고 서로 이해하고 아끼고 소중하게 여기고, 그리하여 새 둥지를 틀어서 더 큰 사랑이 낳은 보물을 안도록 하시게.

하서방! 정숙이는 주부로서는 아직은 초년생 시각이 시간이 가고 숙달이 되면 잘할 걸세. 조금은 조심성 없고 버릇없는 것은 어리광으로 받아들이고 둘다 개성이 강한 탓이리라. 서로를 탓하지 말고 서서히 이끌어주게나. 어쭙잖은 일이라도 칭찬해 주고 '수고했소' 하는 대수롭지 않는 말 한마디가 여자들에게는 더구나 젊은 신혼부부에게는 가사家事에 무한한 즐거움을 가져다 주고 더없는 행복감을 맛보게 하는 걸세. 우리 기수麒洙한테도 똑같은 부탁을 하고 있다네.

정숙이가 마산 집에 있을 때는 여러 형제 동생들과 화기애애하다가 온종일 대화의 상대도 없이 졸지에 낯선 땅, 친구도 없고, 긴긴 봄날 TV에서는 봄의 소리가 요란하고 젊은 사람들의 마음을 들뜨게 했던 지난 봄날, 그리고 무더운 여름날을 무료하게 집에서 혼자 온종일 자네의 귀가만을 고대하는 정숙이를 생각하고 건강이 회복되면 일자리라도 구해보는 것이 좋을 성싶네. 그리고 자네 혼자서 뛰는 것도 죄송스럽고 하니 젊을 때는 일을 해야 사는 보람도 있고 하니, 잘 상의해서 하기로 하시게. 여러 가지로 걱정이 많고 책임이 많은 자네 주위 사람들의 기대가 큰 자네가 더욱더 알차고 건강하길 빌며 이만 줄이네.

—1983년 6월 25일 마산에서 장모가

셋째아들 성수에게

성수聖洙야, 보아라. 오늘 너의 서신 잘 받아 보았다. 이곳 집은 별탈은 없으나 할아버님, 할머님은 아직도 보행이 불편하여 대소변을 받아내고 있다. 너의 아버님의 건강은 괜찮으시다. 계숙桂淑이 흥수興洙도 학교에 잘 다니며 흥수는 심심하면 우리 집의 한밤의 '축제' 너의 큰형님의 사회로 시작되는 녹음테이프를 틀어주면서 나를 즐겁게 해준다. 인수仁洙, 계숙桂淑이, 흥수興洙의 노래는 재미있고 천진스러웠고 너의 노래 '나그네 설움' 은 착 가라앉는 저음이 아주 훌륭했다. 다만 창수昌洙, 정숙貞淑이가 빠진 것이 유감이더라.

성수야, 지난 휴가 때는 너의 부푼 기대와는 달리 마음놓고 황금같은 휴가를 즐길 수 있게 못해 주어서 너를 귀대시켜 놓고 어미 마음 몹시 아팠다. 너의 형수는 지난 4월 10일 할아버님 생신대 소담이를 데리고 하마下馬했다가 며칠 있다가 상경上京했다.

백일을 갓 지난 우리 소담이는 어쩜 너 어릴 적 모습과 꼭 닮았고, 그 앙증스런 손발을 휘저으며 방긋방긋 웃는 귀여운 모습은 자꾸자꾸 내 눈에 삼삼거린다. 서울 네 누이 정숙貞淑이는 오늘이 시누이 결혼날이라 만삭의 몸으로 큰일을 치르느라고 얼마나 고생을 하는지. 너의 큰형님이 이사를 가고 나니 인수仁洙까지 너의 누이한테 맡겨놓고 있으니 하서방 보기 매우 미안할 따름이다.

성수야, 오는 4월 20일이 엄마 아빠의 결혼 30주년이다. 30년 전 그날에도 벚꽃이 흩날렸고, 너의 아버님은 스물다섯, 엄마는 스물한 살, 기대도 컸고 꿈도 컸건만 30년이 지난 오늘 남은 것은 오직 자랑스런 너희들 7남매뿐. 하얗게 바래어져만 가는 너의 아버님의 모발, 볼품없는 나의 잔주름은 지난 세월을 말해 주는 듯하다.

성수야, 다른 생각은 하지 말고 28개월의 학업의 공백기를 잘 마무리 짓고 새로운 각오로 학업에 임하도록 다져나가라. 처음 입대할 때는 철없는 응석둥이, 해맑고 앳된 너의 얼굴이 먼저 휴가 때 보니 떡 벌어진 어깨, 구릿빛 빛나는 씩씩하고 건장한 대한민국의 군인을 대하니 어미 마음 한없이 대견스럽고, 가슴 뿌듯하다.

대자연의 순리는 그렇게 모질고 매서웠던 '임진강' 강바람이 몰아쳐 두터운 야전점퍼도 아랑곳없이 어깨를 움츠리던 때도 다 지나고, 살랑거리는 봄바람에 어깨의 무거움을 느껴 야전복을 하나 하나 벗어 던지겠지? 이곳 인근 진해에서도 벚꽃잔치 '군항제' 가 절정인 요즈음 우리 마산에까지도 술렁이고, 백목련은 한입 두입 꽃잎을 날리고, 늘 어진 수양버들 가지 사이로 노란 개나리, 눈이 부시다.

네가 선 땅 잘 지켜라.

—1984년 4월 13일 마산에서 엄마 씀

막내아들 흥수에게

흥수야 보아라.

지난번 너의 서신을 받고서 회답 못해 주어서 마음이 몹시 걸리더니 오늘 또 너의 편지를 받고 필筆을 든다. 논산훈련소 교육 마치던 날 아버님과 면회 간 지가 엊그제 같은데 벌써 군 생활 말년에 접어들어 전역할 날이 12월이라 하니 세월이 너무 빠른 것 같거니와 막내둥이 우리 흥수가 많이 성장했구나 생각하니 미덥고 대견스럽다. 이곳 우리 집은 모두들 무고하고 지난 22일은 추석, 25일 아버님 생신일 모두 잘 마쳤다. 강원도 너의 큰형 식구, 서울 둘째형 식구, 큰누나 식구, 인수 내외 모두 건강하더라.

지난여름 엄마는 무척이나 바빴고 땀흘렸다. 그 보람으로 '경상남도미술대전' 에 입상했다. 금년 추석에는 너희 형제들이 다 모였는데 창수 형과 흥수 너만 빠졌다. 창수는 대통령께서 유엔

UN에 참석하심에 9월 22일 새벽 6시에 출발하여 10일간 하와이에 정보수집차 가 있다. 귀국일은 9월 30일쯤 될 것이다.

왁자지껄 법석이던 재롱둥이들도 다 보내고 허전함과 피로에 싸여 오늘따라 몹시 몸이 피곤하고 팔다리가 무겁는가 했더니 기상정보 보다 더 정확한 내 몸이 태풍 '미어리얼Mireille'의 영향을 받았는가 싶다. 금년에는 유난히도 태풍이 잦아 지난번 '글래리스'가 할퀴고 간 상처가 다 아물기도 전에 또 오늘 이 시각에 태풍 '미어리얼'이 굵은 빗방울을 동반하여 세차게 북상하고 있다. 다행히도 우리 경남 창원, 마산은 별 큰 피해가 없을 것이라고 한다.

다음달 초순에 3박 4일 특박이 있다 하니 지금부터 기다리게 되는구나. 남은 군생활 책임을 다하고 충실하여라. 틈틈이 공부도 하고 그리하여 대학으로 돌아와 2년 몇개월의 공백기를 메꿀 수 있도록 마음의 준비를 하도록 하거라.

다시는 돌이킬 수 없는 군생활, 수도권 영공을 지키는 씩씩하고 늠름한 아들아! 호연지기를 마음껏 키워라. 이만 줄인다.

—1991년 9월 22일 창원에서 엄마가

장녀 정숙이에게

정숙眞淑아!

3월을 마지막 보내는 날이구나. 너를 보내고 손끝에 힘이 줄어져 오늘에사 겨우 텅빈 2층 너의 방을 청소하고 너의 손때 묻은 물건들을 정돈했다.

정숙아, 너는 새봄을 맞아 어미 품 안에서 떨어져 하늘이 준 인연, 연분을 찾아 네가 그리던 사랑이 충만한 보금자리로 황홀한 봉황의 깃에 채여 포근한 새둥지로 훨훨 날아가 버렸다. 오늘따라 계숙이, 홍수의 공부방에 걸린 작은 액자 속의 '한용운의 〈님의 침묵〉' 이 내 가슴에 짜릿하게 와닿아 흐르는 눈물을 감당하지 못하겠구나.

딸은 낳을 때 서운하고 시집 보낼 때 서운하다더니 아래 이층 방마다 텅 비고 이 구석 저 구석이 다 비었구나. 이렇게 서운하고 허전할 줄이야 예전엔 미처 몰랐다. 그래서 30년 전 엄마 없는 나를 네 아버지한테 시집 보내놓고 너의 외할아버님께선 돌아가신 외할머니 대신 그렇게 울으셨나 보다.

슬하에 있을 때는 항상 딸자식이란 남의 가문에 가서 욕이나 들을까 봐 엄하게 키우고, 하고 싶은 것 제대로 해주고 해서 보내지도 못하고 빈손으로 훌훌이 보내고 나니 목에 가시처럼 걸리는 게 많구나.

우리 집이 아니 너의 아버님의 생生에 가장 시련기에 너를 시집 보내니 알고도 못 베푸는 부정父情, 이 현실에 무능한 자기 자신을 원망하시며 회한의 한숨만 지우신다.

너희들은 엄마 아빠의 이 아픈 심정을 다 헤아리지 못할 것이다. 하지만 숙淑아, 지금의 몇 푼의 유형有形의 득得보다 무형無形의 실리實利가 앞으로 더 큰 득得이 될 줄도 모른다.

정숙아, 어려움을 꾹 참고 하서방을 잘 받들어 좋은 며느리, 현숙한 아내가 되어 구김살 없이 살아라.

엄마는 이제 걱정이 하나도 없다. 너를 우리 하서방과 같은 좋은 사람한테 주었으니….

부디 잘 살아라.

—1983년 3월 31일 마산에서 어미 씀. 딸을 시집 보내고

친구 숙녀에게

숙녀淑女야 보아라.

어김없이 되풀이되는 자연의 순회에 또 한 해가 가고 봄이 오는가 싶다. 네가 다녀간 후로 두 번이나 서신을 보내 주어서 부족한 나를 생각해 주는 그 고마운 마음씨는 예나 지금이나 다름이 없구나. 서울 너의 집은 너의 부군을 비롯해서 아이들도 모두 건강하실 줄 믿는다.

숙녀淑女야, 세상일이란 모든 것이 뜻대로 되지 않는 것이 더 많다. 한정된 대학 정원에 종이 한 장 차이로 합격 불합격 당락에 희비가 엇갈리고 내가 좋으면 나 아닌 또 다른 사람들이 서운함을 당해야 하는 이치이기에 보살과 같은 마음을 가지면 앞으로 더 좋은 일만 생길 것이다.

한창 발랄한 감수성이 예민한 나이에 걘들 얼마나 마음이 상하랴. 그러한 와중에서도 너의 모녀가 자신을 위축하지 말고 스스로를 잘 다스려 살얼음 같은 현실을 극복할 수 있을 것 같애…. 다시 용기를 내어서 전문대학교에 응시하는 게 좋겠다. 전문대학은 본고사는 없고 예시 성적과 출신 고교 내신성적만으로 본다더라. 되고 나서 편입시험을 쳐보면 된다. 일전에 배소장께서 딸애 시험차 서울에 다녀와서 전화 주어서 소식 대강 들었다. 너희 집에 전화한 이야기, 김광자 만난 이야기, 숙박했던 여관을 못 찾아 딸애와 두 시간 동안 헤맨 이야기를 듣고 한참 웃었다. 참 재미있고 좋은 양반이지. 그리고 옥자는 수술 후 아직 쾌차하지 못했다 한다. 늦게나마 박사 학위의 축하를 보낼라 했더니 어떻게 위로를 해야 될지? 그의 아름다운 용모와 고운 마음씨, 탁월한 재주가 아깝다. 가서 뵙지 못하는 심정, 멀리서나마 그의 건강 회복과 가정에 행복을 빌 따름이다.

숙녀淑女야! 지난 25년 동안 나는 얻은 것보다 잃은 것이 더 많은 것 같애. 그 중에서도 젊음을 잃어버린 것이다. 끊임없는 부대낌 속에서 세월을 허송한 것 같구나. 가문의 종부로서, 조상을 모시는 봉제사 접빈객은 물론 어른 세 분을 모시고 지아비를 받들고 시동기를 거느리고 7남매 아이를 기르고 국민학교, 중학교, 고등학교, 대학교를 추첨하고 합격을 하고, 낙방을 하고, 군대에 입대하고, 그 틈바구니에 세월은 훌쩍 흘러버렸다. 여자이기에, 며느리이기에, 아내이기에 아이들의 '어미' 이기에, 가문의 종부, 구차스런 이 현실 속에서 또 한겹 이마에 주름이 잡힌다.

숙녀淑女야! 우리가 서로 헤어져 어렴풋이 소식을 듣다가 막연히 소식이 없어 어느 하늘 밑에서 살고 있는지 무척이나 보고 싶었고 궁금했다. 너의 딸 덕분으로 뜻밖에 만남은 그동안 가슴에 새겼던 젊고 청순했던 25년 전의 너와 내가 아니라서 서러웠다. 그러노라면 지난날의 그 아름다운 소녀시절! 고뇌도 그 울먹임도 한낱 애틋한 옛 추억으로 생각하자.

하지만 숙녀야, 우리들의 지난날은 진실로 참된 영혼의 몸부림이기에 불혹이 지나고 오십이 가까운 오늘에도 그만큼 값지고 소중한 추억을 지니고 살아간다. 봄이 오니 요즈음 내가 돌아가신 아버지, 어머니, 오빠 생각에 무한한 그리움 속에서 방황하는가 보다. 오늘따라 소녀처럼 센티하는 까닭은 정원의 동백꽃, 천리향 향기 탓이리라. 자주 소식 전하자. 이만 줄인다.

—1979년 2월 21일 마산에서 수증이가

기억의 편린片鱗
—일기

1954년 3월 8일 월요일 맑음

선생님의 편지를 받고 학교에서 졸업식을 하고 두 번째 진주행 기차를 탔다. 새벽밥 먹고 오빠 뒤를 따라 기차통학하던 지난날이 너무 행복한 시절이었다.

진주역에 내리니 남강에서 빨래하는 아낙네의 방망이 소리가 내 귀를 울린다. 우선 강姜 선생님 댁을 찾아갔다. 사모님께서 아침 설거지를 하시다가 반갑게 맞아주신다. 선생님께서는 학교에 출근하시고 안 계셨다. 사모님께서 아침상을 차려 주시길래 먹고 내가 들고 간 홍시와 떡을 내놓았다. 옆방에 인기척이 나더니 아마 선생님 동생인 성싶다.

정수貞秀를 불렀다. 조금 있으니까 그 발랄한 웃음을 웃으며 "수증아 왔나?" 하고 들어온다. 고등학교를 졸업은 했지만 아직 학생 티를 벗지 못한 소녀다. 내가 가져간 떡과 홍시, 과자를 주어서 먹고 옆방에 도련님한테도 상을 차려 가신다.

사모님은 전형적인 이조시대 여인상이다. 예쁘고 매사 범절이 그 모든 것이 출중하셨다. 정수와 그동안의 그리운 회포를 풀고 둘이 모교母校로 갔다. 정희貞姬와 춘지春枝를 만났다. 또 출가한 이락이 언니도 와 있었다. 교무실에 들르니 노盧 선생님이 계셨고 옛날에 농부農夫 이李상이 있었다.

학교도 기숙사도 쓸쓸하다. 사감실 문을 열고 보니 지금은 자취하는 학생들이 쓰고 있다 한다. 내가 다닐 때 그 단아한 정은숙 사감 선생님이 생각난다. 하루종일 학교에서 놀다가 해가 질 무렵에야 정수貞秀 집에 갔다. 어머님이 국수를 고명을 멋지게 얹어 주어서 먹고 나서 정수의 졸업사진 추억장을 보고 있으니까,

"얘들아, 선생님 뵈러 가지 않고 뭐하고 있니?"

어머님의 말씀에 헐레벌떡 일어나 강 선생님 댁으로 향했다. 선생님이 와 계셨다. 선생님께서는 그 온화하신 얼굴이 무척이나 수척하셨다. 아마 졸업식, 입학식 관계로 연일 과로하셨나 보다. 내가 가져간 떡과, 반시(홍시) 과자를 잡수시며 여태껏 홍시가 있더냐고 하시며 평소에 홍시를 퍽 좋아하신다고 하신다.

조금 있으니 저녁상이 들어온다. 저녁상은 선생님과 정수貞秀, 나, 셋이 겸상이다. 조기, 시금치 나물에, 깍두기, 동치미, 대합의 두부국이 참 맛나다. 옆방에는 고향에서 선생님의 큰형님께서 조금 전에 오셨다 하신다. 우리까지 와서 사모님을 괴롭혀서

죄송했다. 저녁상이 끝나기도 전에 또 손님이 오신다. 선생님께서는 항상 찾아오시는 손님이 많으시니까…….

손님이 다 가셨다. 우리들을 보고 밖에 나가 산보하자고 하신다. 아직 3월, 경칩이 지났다고 하지만 밤바람이 제법 차가운데 산보라는 의외의 말씀에 좀은 의아했다. 정수는 저 진주역 쪽으로 가자고 하고 선생님은 정수 말은 들은 척도 않으시고 자꾸만 남강南江 다리 쪽으로 가신다.

봄밤의 남강! 가로등 불빛이 강물에 흐르고… 가보지는 못했지만 꼭 베니스의 강변같이 황홀하다. 나는 무의식중에 "아! 좋다." 하는 소리를 질렀다. 그 소리도 크게….

정수는 "선생님, 어디로 가십니까?" 묻는다.

군북촌郡北村에서 온 수증守曾이에게 이 경치를 보이러 왔다고 하신다. 남강 다리를 건너가면서 정수와 나는 즐겁고 신이 나서 콧노래를 부르다가 노래를 불렀다.

'물새 우는 고요한 강 언덕에 그대와 둘이서 부르던 사랑 노래…'

"너희들 '젠자이(단팥죽)' 먹을래?"

젠자이 먹으러 가자 하신다. 정수와 나는 저녁 먹은 지가 오래지 않아 배가 불러 못 먹는다고 했다. 다리를 건너와서 선생님은 '카나리아' 라는 아담한 돌집 문을 들어선다. 조금 으슥한 곳에 자리하고 있으니 물찬 '카나리아' 새 같은 참한 레이디 아가씨가 밀크를 접대한다.

선생님의 화제가 이상하게 돌아간다. 나의 혼담 이야기시다. 윤씨尹氏 집안과 어느 정도 말이 오고 가고 있는지 물어보신다. 나는 사실 그대로를 이야기했다. 당사자 윤尹과도 한 번도 본 적도 없고 선본 적도 없고 양가 어른들끼리만 말씀이 오고 가고 있으며 오빠는 친면이 있다 하셨다. 오빠는 진농고晋農高를 졸업하고 진농대晋農大에 다니셨고 윤尹은 진고晋高를 졸업하고 한국해양대학 항해과 3학년이라는 것만 알고 있다고 했다. 선생님께서 무엇 때문에 나의 혼사 문제를 소상하게 알아보시는지 이해가 안되었다. 사랑하는 제자니까 궁금하셔서 물어보았겠지 하고 아까 다리를 건널 때 기분과는 대조된 약간 착잡한 마음으로 찻집을 나섰다.

하지만 선생님과 정수와 같이 하는 이 밤은 너무도 행복한 시간이다. 선생님과 정수, 나 이렇게 셋이서 손을 꼭 잡고 차들이 간간이 지나가는 남강다리, 삼월의 싸늘한 밤공기를 가르며 신명나게 터벅터벅 걸어간다.

1954년 3월 9일 화요일 맑음

어젯밤 카나리아 다방에서 나와 선생님과 정수 집으로 갔다. 정수 할머님께서 돌아가신 지가 얼마 되지 않으셔서 아직 정식으로 문상도 가지 아니했는데 하시며 주저하시더니 발을 옮기신다. 선생님께서 오신다는 소리를 듣고 정수 아버님께서는 주무시다가 일어나셨다.

충우 시험 이야기가 한창이다. 정수 아버님과 어머님은 나가시고 조금 있으니 간단한 술상이 들어왔다. 선생님은 술은 한 잔도 안 하시고 정수가 애써 권해도 과일만 한 점 집으시고 정수에게 잠깐 비켜달라 하신다. 순간 무슨 말씀을 하시려고 정수도 물리시고 이렇게 주저주저하시며 힘들게 말씀을 하시려고 하실까? 보는 내가 더욱 송구스럽다.

"다름이 아니라 너를 오라고 한 것은 내 동생을 두고 말해볼까 한다. 너의 의향도 물어보고 싶고……. 중간에 정수 아버님을 통해 말해볼까 생각하다 그것도 도리어 구차스럽고 사제師弟 간에 무관한 사이라 너를 직접 보고 말하는 것이오니 너의 아버님께서는 내가 직접 이런 무례스런 말을 한다고 하시며 오해하실런지 모르니 정수 아버님께서 말씀하시더라고 여쭈어라. 너같은 착한 규수를 우리 집안에 넣고 싶은 나의 욕심이다."

그리고 나서 자기 집안 본가本家의 부모형제 가정 이야기를 다 하신다. 부모님 의사를 잘 살피시고 편지하라고 주소를 적어주신다.

선생님 동생이라는 말씀에 나는 당황했다. 언젠가 선생님 집에 심부름 갔을 때 언뜻 한번 본 기억이 난다.

'그때 좀 자세히 볼 걸… 선생님은 퍽 오래 전부터 마음속에 생각하고 있었는지 몰라.'

"네 의사는 어떻느냐? 그리고 어때?"

"너무도 갑작스런 말씀이라 저는 말 못하겠습니다. 아버님, 오빠와 상의해 보겠습니다."

"그건 그렇겠지, 그리고 나의 말이라고 네 마음속이 내키지 않으면서 거절 못해 고민한다면 애당초에 내가 너에게 이런 말을 하지 않을 것이다."

라고 몇번 당부하신다. 내 동생도 인물도 뛰어나지도 않고 탁월한 인격자도 아니고 다만 온화하고 남에게 실수는 하지 않을 것이라고 하신다. 선생님은 그 많은 제자 중에서 하필 나를 생각했을까?

'한 번도 본 적도 없는데… 동생의 의사도 물어보지 않고 다만 자기 마음에 든다고 말씀하시지는 않을 텐데… 아까 낮에 마당에서 언뜻 지나칠 때 자세히 볼 걸….'

선생님도 자기가 아끼고 사랑하는 제자를 얼토당토하지 않은 데 갖다대지는 않으실 분이다.

'제자를 제수로 삼는다. 그러면 어떻게 되나?'

스승의 시숙이 된다.

'시숙의 길, 제수의 길, 제자의 길'

너무도 커다란 거리가 있다. 안될 말이다.

나의 사전에는 스승과 제자 사제지간師弟之間만이 존재한다. 혹 떼러 갔다 혹 붙인다더니 조금이라도 나의 마음을 이해하고 지금이라도 더 공부만 시켜줄 사람 있으면 공부가 하고 싶다. 내 마음 하소연할 데 없어 정수 선생님을 뵈러 갔더니 한짐 무거운 짐을 주신다. 이 말을 정수한테 해야 되나 아니해야 되나. 그래, 날이 새면 이야기하기로 하고 정수가 묻는데도 대답도 하지 않고 잠을 못 이루었다.

늦잠이 들어 정수가 깨우건데 일어나 세수를 했다. 아침을 먹고 나니 사모님께서 잘 잤느냐고 하시며 아침은 우리집에서 먹지? 하시면서 자기 집에 가자고 하신다. 선생님께서 적어놓으신 쪽지를 나에게 건네 준다. 오후 3시쯤 진주晋州중학교로 오라고 적어 놓으셨다. 사모님과 이런저런 이야기를 한참 나누다가 모교母校로 갔다. 교장선생님이 계셨다. 정희貞姬는 보지 못하고 춘지春枝를 만나 자기 집에 놀다 점심 먹고 중학교로 가서 만나자고 했다. 춘지가 점심을 맛나게 해주어서 잘 먹고 나니 영아가 왔다. 옛날 그대로이다. 놀다가 오후 3시쯤에야 춘지, 영아는 같이 따라가지 아니했고 나와 정수 둘이서 진주중학교로 갔다.

선생님은 교무실에서 우리들을 기다리고 계셨다. 그 길로 나오셔서 서점에 들러 잡지 《靑春》을 2권 사서 정수 한 권, 나 한 권을 주신다. 오후 7시 마산행 기차 시간까지 연화사 뒷산에 올라가 진주 시가지를 굽어 내려다 보면서 정수가 싸가지고 온 과자를 먹으면서, 선생님한테서 벌 받던 이야기, 기숙사 이야기, 파성 설창수 선생님과 남강에서 뱃놀이하던 이야기, 그 아름다웠던 시절! 그 추억이 연화사 뒷산 언덕에 망울 짓는 진달래 가지에 마디마디 맺혔다가 이 봄에 추억처럼 피리라. 선생님은 나 때문에 돈을 많이 썼다.

무엇으로 보답할고? 선생님께서 바라시는 건 그리 쉽게 허락하지 않는다. 정수와 같이 저물도록 역에까지 나오셔서 기차가 뜨도록 손을 들어 흔들어 주신다. 나의 손수건이 젖고 있다.

1954년 3월 11일

겨울이 도로 오는나 보다. 바람이 차다.

진주가 그립고, 선생님, 정수가 보고 싶다.

그날은 행복했다. 설거지를 하고 종일 누워 있다가 던져 놓은 수틀을 내어서 수를 놓았다. 선생님은 내 편지를 기다리고 계실 텐데…

무슨 말을 써야 하나. 우선 정수한테 먼저 쓰자. 며칠 있다가 아버님께서 강姜 선생님을 만나보시고 강군姜君도 보고 오겠노라고 하신다.

1985년 1월 11일

효성그룹 조석래 회장님의 초청으로 당일 오전 11시 마산발 순환열차에 군북, 마산, 창원, 진해, 부산 등지에 거주하는 동창들이 기차에 올랐다. 모두들 얼굴에 희색이 만면했고 건강했다. 그때의 감회는 말로써 형언키 어려웠다.

추풍령을 지나니 차장 밖에는 때마침 우리들을 축복하는 서설

瑞雪이 내려 은세계를 이루고 모처럼의 서울행行에 좌석은 복잡하고 불편했지만 마음은 설레고 부풀어 소년, 소녀처럼 마음은 눈밭에 뒹굴고 있었다. 열차 안 이동판매원이 주는 맥주캔의 거품이 사그러질 즈음인 오후 5시 서울역에 도착하니 조상제, 조용진 회원이 버스를 대기하고 마중을 나와 있다. 역 광장에 들어와서 바로 대기하고 있는 버스에 승차했다. 한참이나 가는 도중에 조석래 회장님과 변재호 회원이 차에 합류했다. 조석래 회장은 아담한 체구에 단아한 얼굴이 아직도 열정과 젊음이 넘쳤고 무척이나 반갑게 맞았다.

긴 투병생활에 고생한 보람도 없이 끝내 하늘나라에 애석하게 아내를 보내고 만 변재호 회원님의 심정을 그 누가 헤아리오마는 생각 외로 건강하고 두툼한 귓불과 그 특유의 눈웃음은 여전했다.

지금이라도 수화기를 들면 그 낭랑한 목소리가 들릴 것 같은 그 여운이 귀에 쟁쟁하며 앞날이 구만리 같은 나이에 그 탁월한 의술을 다 펴지 못하고 가신 친구를 생각하면 생과 사의 기로에 서서 애통하면서 '조사' 만 몇줄 써서 보내고 조문도 제대로 못하고 죄스러움에 망극하여 어떻게 위로의 인사를 대신할까 망설여져 차마 마주대하기가 어려웠다. 그 순간 내 옆자리에 덥석 앉으면서 "그동안 잘 살았습니까? 글씨 공부는 언제 그렇게 했죠?" 나는 뭐라고 위로를 할지 말문이 막혔다.

우리를 태운 버스는 서울 도심을 비집고 한참 달리더니 '희원'

이라는 한정식 집에 도착했다. 지방에서 올라간 동창생, 서울서 온 동창생, 모두 65명의 동창회원이 참석했다. 정갈한 한식 식단에 예쁜 아가씨 3명이 식사시중, 술시중을 들어주고, 분에 넘치는 대접을 받았다. 저녁식사를 마치고 잠깐 휴식을 취한 뒤에 연회장으로 이동하여 신명나는 여흥에 들어갔다. 그 사이에 하서방이 와서 동창들에게 큰절 하고 갔다. 사위를 잘 봤다고 부러워했다.

자정이 넘어서야 숙소에 돌아와 30여 년 만에 만난 회포를 나눈다고 하얗게 밤을 지새고 이야기꽃이 피었다. 나는 장거리 여행에 피곤했는지 평소의 지병인 신장결석(요로결석)이 갑자기 일어나 고려병원 앰뷸런스에 실려 병원 신세까지 졌다. 성윤대 회원, 김복순 회원이 병원에 따라와 주어서 너무도 고마웠다. 보답을 해야 할텐데….

모처럼의 기쁜 날에 친구들을 놀라게 해서 너무 미안했다. 내 평생 잊지 못할 서울행 1박 2일, 1985년 1월 12일 여비 금일봉과 비단 한 필 선물 받아들고 아쉬운 작별을 했다.

1996년 11월 10일

모교총동문회 참석하고 오는 길에 사고 당함.

배종문 소장이 운전 맨 앞좌석에 김종렬 교장이 앉고 뒷좌석에 조옥귀, 나, 윤점림이 자리했다. 국실 모퉁이 커브길에서 순식간에 쓰러졌다. 나는 그 순간 졸고 있던 터라 더욱 정신이 아득하다. 119 구급차에 실려 마산 복음병원 응급실에 오후 6시에 도착.

조계남 의사 선생께서 이마 깁고 팔 빼어 바르게 넣었음. 오후 9시에 605호실에 입원.

뒷차로 따라오던 부산 동기생

안병갑, 전복순, 김점루, 변숙녀, 군북 이상수 도착.

함안 사돈 내외분 도착.

11월 11일 — 군북 이상수 씨 문병

11월 12일 — 부산 안병갑, 김점주, 전복순, 이정자 문병

11월 13일 — 배소장, 정희림 교장 문병

11월 14일 — 소담어미, 누리 어미 도착

11월 14일 — 오후 3시 이마 실 뽑음

11월 15일 — 인수 내외 도착

11월 16일 — 오전 9시 조계남趙桂南 외과의사 집도

11월 17일 — 법우회원 문병

11월 18일 — 항심회 회장, 총무 문병

11월 19일 — 이마, 팔 치료

11월 20일 — 청해구락부 회장 총무 외 5명 문병

11월 21일 — 여성회관 회장, 도계장 문병

11월 22일 — 권여사, 송여사 문병

11월 23일 — 팔 치료

11월 27일 — 팔 치료

11월 29일 — 팔수술 부위 실 뽑고 깁스함

12월 7일 — 퇴원

12월 19일 — 깁스 풀고 방사선 촬영

12월 30일 — 2차 병원 입원

12월 30일 — 오후 7시 재수술, 조계남 선생 집도

12월 31일 — 퇴원

1997년 1월 3일 — 팔 치료(누리 어미와 같이)

1월 13일 — 팔 실 뽑고 사진 촬영

1월 23일 — 조계남 선생 진료, 물리실에 가서 물리치료

병원 문을 나서니 눈발이 휙휙 모처럼 바닷바람에 온 전신이 오그라든다.

영감은 흰 머리카락인가 눈발인가 분간할 수 없다. 구부정 허리를 하고 앞서가고 있다. 엑스레이 사진을 보니 수술 부위 손목뼈가 약간 굽은 듯싶다. 의사 선생도 수술 부위를 매만지며 아쉬움이 남는다고 하셨다. 다음에 오실 날은 구정 쉬고 홀수날 아무 날에나 좋으니 오라고 하셨다.

1997년 2월 17일(화)

구정 연휴가 지나면 너무 복잡하고 바쁠까봐 11일 13일 15일 성수 선본다고 이럭저럭 미루다 2월 17일에 오전 11시에 병원에

도착했다.

오늘 접수는 끝났다고 한다. 의사 선생님께서 몸이 불편해서란다. 3과 간호원한테 물어보아도 19일에 오라고 한다. 구정도 쉬고 해서 선생님도 뵙고 싶었는데 발걸음이 자꾸 뒤돌아 보인다.

1997년 2월 18일

전화를 해보고 오시라는 간호원 부탁에 내일 가면 3과에 조계남 선생님한테 진료를 받을 수 있느냐고 물었더니 지난주에 서울로 가셨다 한다. 원무과 직원의 대답이 자기들은 확실히 모르니 총무과로 연결시켜 주었다. 거기도 같은 대답이다. 3과 조계남 선생 방에 있는 간호사에게 물었더니 3일 전에 서울로 가셨고 아직 연락처를 확실히 모른다고 한다. 떠난다는 한마디 말도 없이 그렇게 훌쩍 떠나다니, 사랑하는 가족을 떠나 수천리 타향에 와서 환자들과 아픔을 같이하면서 언제나 살갑게 환자를 대해 주던 마음씨 고운 미남 의사, 환자들과 고생하는 우리 인수仁洙를 생각하면서 더한층 마음이 짠해진다.

사랑하는 가족과 떨어져 식당에서 운반된 다 식어빠진 식당밥. 밤 9시에 내 수술을 마치고 비린내 나는 손을 씻고 "밥 먹자…" 하는 소리가 회복실에 누워 있는 내 귓전을 울리고 있다.

나의 아픈 고통은 둘째치고 밥 먹자 하는 그 소리가 너무도 안쓰럽고 애처러웠다. 의사 아들을 두면 천하를 얻는 기분이라는 부모가 있는가 하면 정작 본인은 이렇게 고된 직업인 것을, 의사를 둔 어미로서 마음이 아프다.

처음에는 꽂아놓은 핀을 두 번 나누어 수술해서 뽑을 거라고 하더니 조금 무리가 되어도 핀 4개를 다 뽑았다. 나도 무척이나 아팠고 선생도 고생이 많았다. 저녁식사시간인데 나 때문에 고생이 많다고 하니 밥 먹고 하는 일이 이 일뿐이라며 되려 나를 위로해 준다. 부디부디 대한민국의 이름난 외과의사가 되기를 두손 모아 빈다. 지금 이 시각에도 '밥 먹자' 하는 소리가 내 귓전을 울린다.

1997년 2월 19일

오전 11시 접수를 마치고 3과 앞 의자에서 약 1시간을 기다리다 내 이름을 부르길래 진료실에 들어가니 조 과장 자리에 김종우라는 단아한 젊은 의사가 앉아 있었다. 조 과장이 아주 상세하게 진료카드에 기록을 해놓았다며 팔을 만져보고는 자기가 할 치료는 다 끝나고 물리치료만 하면 된다고 하면서 수술은 아주 잘 되었다고 한다. 시간이 차차 지나면 손목 손이 잘 돌아갈 것이라고 한다. 물리치료는 가까운 병원에서 하겠다 하니 그렇게 하라고 한다.

간호원에게 가져간 빵을 건네주고 6층 입원실로 올라갔다. 내가 퇴원할 때 같이 있던 세 사람이 그냥 침대에 앉아 있다. 아주

이야기를 잘하는 의령 아줌마의 수다스런 입담이 재미있어 오후 2시까지 놀았다.

처음 입원실에 들어와서는 잠시도 못 견디던 사람들이 환경에 처하면 어쩔 수 없이 적응하기 마련이다. 병실에선 만난 사람들, 의사 선생님, 간호사, 사람의 인연이란 우연이 만났는데도 드는 정은 몰라도 나는 정은 있다더니 3개월 동안 내 아픈 손을 만져 주던 조 과장님의 빈 자리가 이렇게 클 줄이야. 복음병원이 텅 빈 것 같다.

2011년 6월 10일(노무현 대통령 묘역 참배)

6월 10일 항상 퇴근시간이 늦은 큰애가 모처럼 일찍 퇴근하여 건강이 좋지 않아 무료하게 집에서 지내는 나에게 바람 쐬러 가자고 한다. 진영 노무현 대통령 묘역 참배하러 가자고 했더니 오후 3시에 출발하여 20분 후에 도착했다. 이곳 장유에 살면서 대통령께서 귀향하신 후에 생전에 한 번 가보았지만 묘역 참배를 아직 하지 못해서 마음에 무척 걸렸다.

밀짚모자를 쓰시고 귀여운 손녀를 자전거에 태우고 그 소박한 웃음을 지으시던 자애로운 대통령 할아버지! 한없이 여유롭고 한가롭고, 행복하고 그 어디에서도 볼 수 없는 이 세상 평화의 이 길! 그 시각 그 모습이 멈춰 있었으면 하는 생각에 오늘도 수많은 추모객들의 발걸음이 줄을 잇고 있다. 안내원의 지시에 차는 주차장에 세워두고 우리 모자母子도 추모행렬에 끼어들어가고 있다.

길가엔 노무현 대통령 추모 2주년 기념일이라는 대형 플래카드가 펄럭이고 생전에 방문객들을 맞아주시던 그 소탈한 모습이 플래카드에 새겨져 추모객들을 반기고 있다. 오른쪽 들녘에는 영농 후계자들이 이미 모내기를 마치고 손을 씻었다. 조금 일찍 심은 논배미는 땅내음을 맡고 벼포기가 반듯하게 제자리에 돌아앉았다. 생전에 못자리를 마치고 들녘에서 새참 막걸리 잔을 나누시면서 한없이 기뻐하시던 그 흐뭇한 모습을 어디서 뵙겠습니까? 지금도 눈에 선합니다.

묘역 경내에 들어서니
많은 사람들의 추모 글귀를 새겨놓은
초석 딛고 한발 한발 추모 글귀 되새기며
경의롭고 숙연함에 차마 고개를 들 수 없습니다

왼쪽 청룡에는 사자바위
오른쪽 백호에는 부엉이 바위
중앙 한가운데는 정토원
그 기氣가 한데 뭉쳐 맺힌 자리!

억만겁 풍화에도 영원불변
아담하고도 우람한 평지 같은 탄탄한 고인돌!

님의 제단 앞에
경건히 고개 숙여 향을 사릅니다.

제16대 대한민국 원수의 자리

그 무거운 멍에 다 내려놓으시고
고향 봉하마을에 내려와서
흙에 살리라 하시던 우리 님

고향에 내려와서
생전에 못다 하신 꿈 다 어찌하시고
아무도 예기치 못한 청천벽력과 같은 비보!
전설과 같은 부엉이 바위
사랑하는 가족, 따른 권속들의 비통을 아시나이까?
훌쩍 떠나신 빈 자리가
너무도 큽니다
이토록 허전할 줄이야
미처 몰랐습니다

오호라 님이시여!
온갖 것 다 잊으시고
어릴적 뛰놀던 고향집 후원

대대로 이어나갈 만고의 명당 자리
추모의 전당에서 편히 쉬옵소서

방명록에 사인하고 되돌아 내려오니
산딸기 밭에 딸기가 빠알갛게 익어
달콤한 향내를 뿜으며 주인을 기다린다

딸기밭 언덕에 수많은 샛노란 바람개비가
6월 훈풍에 신나게 돌아가고…
그 사이 아가랑, 엄마랑, 어린이들의 술래잡기
해맑은 웃음을 아빠들은 카메라에 담고 있다

생가生家는 옛 생가를 개축하여
아담한 한옥으로
볏짚으로 이엉 엮어 지붕을 덮었다

사랑채 공부방 작은 책상머리
지금도 책읽는 소리 들리는 듯…
감꽃이 떨어진 감나무 가지 끝에 짹짹 까치 한쌍
방문객을 반긴다

창고 옆 헛간에는

시대에 밀려온 농기구가 녹이 슬고…
볏짚으로 엮은 삼태기, 망태, 멍석 뭇방석
세월을 말아온 덕석말이가
세월에 부대껴 삭아서 빛을 잃었다

부엌엔 감꽃 줍던 아이들(건평, 무현) 성화에
질 잘낸 두말찌 밥솥에서 누룽지를
긁는 어머님의 자상한 모정이
댓 살강 및 부뚜막엔 정겨운 옛 이야기가
도란도란 서려 있다

작은 꽃밭 돌아드니
장독대 돌 절구통, 맷돌이
대대로 내려온
노씨 가문 여인들의 손때와 애환을
고스란히 줍고 앉아 마주하고

방문객이 다녀간 날이면
옛 주인을 그리며
아무도 살지 않는
옛 집에 무심한 세월만 붙들고 있다

—2011년 6월 10일 금요일 오후 기수와 함께

2011년 6월 12일(일) 맑음

일요일 오후, 큰애 따라 김영삼 대통령 기록전시관, 거가대교를 보려고 바닷바람도 쏘일 겸 차에 올랐다. 차는 푸른 녹음과 6월 훈풍을 가르며 순식간에 거가대교 입구에 도착했다. 우측에 신항만, 웅장한 시설에 입이 딱 벌어진다. 아득한 한려수도 수려한 전경이 한눈에 펼쳐지고 바다와 안개, 구름, 하늘이 맞닿아 어디가 바다인지 어디가 하늘인지 천혜의 바다의 절경을 만끽했다.

바다 위 다리 건축도 거창했지만 수중 40m 밑에 수중터널이라고 하지만 믿기지 않는다. 어떻게 물막이를 이렇게 정교하게 잘했는지 신기하다. 우리나라 대우건설에서 설계하여 시공했다고 한다. 세계에서도 알아주는 놀라운 기술이라고 한다. 내 나이가 미수가 다 되도록 살아오면서 유소년 때는 일제 강점기, 제2차 세계대전, 열일곱 살 한참 사춘기 처녀시절에는 6 · 25 동족상잔, 숱한 어려움을 겪고 살아 왔으나 이렇게 우리나라가 발달하고 살기 편한 나라가 되었으니 이 땅에 태어난 것이 행복하고 대한민국 국민됨이 자랑스럽다. 허리띠 졸라매고 자녀를 교육시킨 보람이 여기 있는가 보다.

대교를 건너와서 휴게소에 들러 휴식하면서 아이들처럼 아이스크림을 물고 한없이 펼쳐진 바닷바람을 실컷 마셨다. 20분의 휴식을 하고 김영삼 대통령 기록전시관에 도착했다. 오늘은 마침 방문객이 많이 붐비지 아니해서 아래 위층 빠짐없이 차분히

관람할 수 있었다. 대통령께서 장택상 씨 비서 시절, 25살의 우리나라 최연소 국회의원 당선, 야당 국회의원 시절, 민주화 운동, 단식투쟁, 3김 시대, 대통령 당선 후에 현직 대통령으로서의 국내외 활동, 벽에 전시된 사진과 슬라이드를 빠짐없이 관람했다. 대통령 내외분 조각상 옆에서 사진 촬영도 했다. 대통령 취임식하는 조각상은 어쩜 젊은 시절 그대로의 인상이어서 옆에 다가가서 자세히 보았다. 관람을 마치고 돌아나오는 길에 1층 기념가게에서 기록전시관 방문 기념증서에 사인하고 한장 받아들고 나오면서 기념엽서 5장을 구입했다.

① 제14대 대한민국 대통령 취임식

② 미국 지미 카터 대통령과의 면담 장면

③ 러시아 대통령과 사열 장면

④ 영부인과 외국 방문길에 기내에 오르면서

⑤ 중학교 교복 차림의 친구와 함께

이상 5장을 구입했다.

생가는 개축하여 아담한 전통 한옥 기와집으로 단장했고 대문간도 소슬대문으로 아주 격조가 있다. 집 뒤 쌍벽 돌담과 우물샘, 둥근 돌담, 귓틀이 아주 운치가 있고 어느 장인의 솜씨인지 멋진 예술품이다. 생가 대문을 나서니 대문 밖 주차장 광장 옆에 노점 가게에는 미역, 건어물, 말린 새우, 황토밭 열무를 할머니가 팔고 있다. 열무를 한단 사가지고 차에 오르니 우리 김영삼 대통령도 이것을 먹고 자랐고, 특히 열무김치를 좋아했다고… 그 여운을 차에 담고 집으로 달렸다.

—2011년 6월 12일 일요일 오후 기수麒洙와 함께

2012년 1월 23일, 설날

설날 새벽, 떡국상을 받고 앉아 세배를 받는다. 큰애 기수 내외부터 시작하여 창수 내외, 성수 내외, 인수 내외, 막내 흥수 내외 차례로 세배를 받고, 홍익대학교를 졸업하고 홍익대학원을 마친 큰손녀 소담이, 사진작가 소연이 한국 교원대학 3학년 재학 중인 해누리의 세배를 받았다. 애비, 어미를 따라 먼 이국땅 모스크바 하늘 밑에 살던 상이, 진아가 인터넷 동영상으로만 재롱을 볼 수 있었던 것이 올 설날에는 세뱃돈을 예쁜 봉투에 이름까지 써서 주니, 세뱃돈을 받아 쥐고 아주 예쁘게 절을 하고 그 재롱이 너무 귀여워서 이 시각 이 공간이 영원히 멈추어 있었으면 싶다.

금년 설에는 아들 다섯, 며느리 다섯 하나도 빠짐 없이 참석하여 흐뭇하다. 하지만 외국에 가서 공부하고 있는 손자들이 보고 싶다. 상용 어미는 상용이 중학교 때부터 캐나다에 가 있었기에 근 육년간 명절에 참석 못했고, 막내 흥수는 삼성전자 주재원으로 러시아 모스크바에 5년간 주재했다가 2011년 11월 하순에 무사히 임기를 마치고 귀국했다. 발령을 받고 모스크바 현지에 떠날 때는 진아가 네 살, 상이가 두 살, 외어앉아 산 설고 물 설고 언어도, 인종도 다른 그곳, 괜한 걱정도 많이 했으며 5년이라는 세월이 빨리 가서 귀국 날짜만 기다렸다. 세월은 빨라서 진아는 모스크바 국제초등학교 2학년, 상이는 유치원생이다. 키는 훨씬 크고 예쁘고 영어는 아주 유창하다.

제사상을 차리고 있는데 뉴욕에서 전화가 왔다. 작년 9월에 뉴욕 시라큐스 대학에 입학한 상용이다. "할머니 세배 받으세요. 건강이 좋지 않으신 할머니, 건강하시고 복 많이 받으시길 빕니다. 가서 세배를 못해서 죄송합니다. 여름방학 때는 꼭 가서 뵙겠습니다." 한다.

조금 있으니 아름솔, 상원이 남매한테서 세배 전화가 왔다. 겨우 초등학교를 졸업하고 애비 어미를 떨어져 인도에 가, 지금 중학생이 되었는데 말하는 소리가 어떻게나 의젓하던지 대견스럽다. 상원이가 있으면 제관 노릇을 똑똑히 하는데, 상원이가 올리는 술잔을 올해는 상이가 대신했다.

내일 내 생일날에는 큰딸 정수 하서방 내외, 외손녀, 한국포스코(포항제철)에 근무하는 가영이, 미대를 나와 그림을 그리는 인영이, 대학 졸업반인 준영이가 오고, 작은딸 계숙이 정서방 내외, 금년에 대학에 입학한 외손자 현진이, 고등학생 현영이가 와서 할미를 즐겁게 해라.

슬하에 5남 2녀를 두고 친손자 8명과 외손자 5명이 있다.

4.

은사님과 가족의 편지

강용호姜庸鎬 은사님의 서신

1.

아침 저녁을 살랑거리는 바람은 나의 마음까지 서늘하게 해준다. 편지의 빚을 가득 짊어지고 마음의 죄인이 되어 우울한 하루를 허송하는 중 오늘 또 수증에게서 반가운 편지가 왔네!

수증아, 너의 그 고귀高貴한 품성品性과 원대한 희망, 그리고 그 청명淸明한 마음과 부족한 나를 사모해 주는 그 고마운 마음씨는 아직 변함이 없구나. 아니 영원불변永遠不變이겠지?

수증아, 그동안 잘 있었니? 부모님 모시고 너는 온 집안의 아름다운 한송이의 꽃일 것이며 평화와 화목의 빛을 전해주는 집안의 태양일 것이다. 너의 있는 곳, 어두운 구름도 없으리.

수증아 졸업기념으로 나에게 준 선물, 내 평생에 길이 기념하겠노라. 남순南順 정수貞秀의 그것과 함께. 고맙다. 수증아, 너의 편지는 청산유수靑山流水라, 한마디 걸거침 없이 맑게 그리고 담

뿍 정情을 실고.

앞날 네가 졸업생으로서 모교母校의 첫 방문 시에 만나지 못한 것 몹시 유감스럽다. 또 웬 선물 하꾸라이(외제) 손수건까지? 자꾸 받기만 하는 선물이라 내 가슴 몹시 찌른다. 그리고 너의 그 거룩한 특별선물도 잘 받았다.(헌 셔츠, 헌 고무신) 친한 벗들과 이별하고 적막한 산촌山村에서 궁굼한 날 보내며 해나(행여나) 반가운 소식이나 올까봐 기다리는 너의 심정도 나는 잘 안다.

그리고 종종 정수貞秀로부터 너에게 편지 안 한다고 재촉받으며 몹시 졸린다. 그러나 이날까지 수삼차數三次 편지를 받고 있으면서 회답 못한 것 사과하오니 용서하여라.

나를 둘러싼 구차한 분위기는 사랑하는 너희들에게 펜을 들 여유를 주지 않더라. 여러 사람들에게 너무 편지 빚이 많다. 지난 6일 새벽에는 우연히 너에게 펜을 들어 별지와 같은 편지를 그리다가 그만 또 짜증 나서 그만두었더니 오늘 세번째의 너의 편지를 받고는 아무래도 못 참겠어서….

수증아, 앞날 정수에게 보낸 너의 시 나도 잘 읽었노라. 아주 썩 잘 되었는데…. 너의 그 천재적 소질이 아까워. 내가 금년 졸업생을 보내고 시시時時로 생각나는 대로 그린 몇 가지의 시조를 아직 미완성이지마는 너에게 소개하여 볼까?

1.

삼년三年을 가꾸어서 서른다섯 꽃 피우니

꽃이냐 곱다마는 한목 지니 어이할꼬
꽃 지고 잎 뜨지 전에 나는 왜 못 떴드냐

2.
영광榮光의 졸업卒業날을 반겨 맞이하였더니
희망에 불꽃 핀 천사天使들은 다 떠나고
어즈버 홀로 남아 글로 설워하노라

3.
기숙사寄宿舍에 밤이 드니 벌레 소리 처량해라

은사님 편지 일부▲

묵은 방에 홀로 누워 옛 추억 그렸더니
무심無心한 달빛만 옛과 같이 비추더라

4.
그립단 말 거짓말이 모교母校 생각 거짓말이
은사恩師님 뵙고 싶단 긔더욱 거짓말이
날같이 잠 아니오면 소식인들 못 전하리

이상 아직 미완성품이며 또 그 외에 〈합천행陜川行〉 시詩도 있고, 또 〈귀여운 젊은 배반자背叛者들을 보내면서〉 하는 시詩도 있다마는 이것은 차차 소개할까 한다.

수증아, 금년 가을에는 너 있는 곳 (정수, 남순과 함께) 군북郡北의 땅을 꼭 한 번 찾을까 한다. 다음 소식 몇 가지를 간단히 전傳한다.

- 정수의 진학문제는 가능성 있다고 본다. 구월말 경에
- 네가 전교생에게 보내온 편지는 수일 전에 사감 선생님으로부터 읽어 전했노라.
- 금년 추잠사육秋蠶飼育은 전교생 시험부잠실試驗部蠶室에서 한다. 그러나 잠작蠶作은 매우 불량하다. 사령기四齡期에 연화병軟化病으로 많이 쓰러졌다.
- 우리 학교 금년도 입시는 지난 9월 발표했는데 응모자가 적은 관계로 30명만 추렸다. 군북교郡北校에서도 너의 후배가 한 사람 있었다. 다음 20일경에 다시 1학년 추가 모집이 있을 예정이다.
- 너의 취직에 관해서는 아직 도당국道當局으로부터 아무런 통지가 없다마는 마치 오늘 13일 본교에서 시군잠업계장회의市郡蠶業係長會議가 있어 도잠업계장道蠶業係長도 오신다 하니 다시 권할 예정이다.
- 기숙사寄宿舍 울은 다 막았다. 사생舍生들은 배급配給이 없이 순전히 자치제로…. 그리고 조趙해봉이는 병주집에서 통학하고 있다.
- 졸업생 사진대代는 아직도 미완납未完納이라. 나는 몹시 골몰

하고 있다.

●금년 졸업생으로부터 편지 받은 것은 너 외에 남순南順, 양자良子, 순자順子로부터 각각 한 번씩, 그러나 모두 아직 빚이 되어 있노라.

3년간의 재학 중 너의 그 천재적인 소질을 잘못 펴어 주고 이상적으로 향상 못 시켜준 나를 너는 너무 과대평가한다. 나는 오직 시간적으로 보아 너희들의 선배일 따름이지, 무슨 옳은 스승이야? 그러나 수증아, 너의 그 고상한 인품의 향기는 언제나 변함없기를….

수증아, 오늘은 이만 두기로 하자. 길이 곱게 자라라. 또 종종 소식 전해라.

—4284년(1951년) 9월 11일 강용호姜庸鎬
조수증 전前

2.

수증에게!

녹음방초綠陰芳草 은은한데 흘러드는 뻐꾸기 노래 칠암벌 뽕숲 속의 아가씨들의 위안 음악대! 금년에도 잊지 않고 날마다 밤낮으로!

누에의 향기란 확실히 평화의 상징인 듯, 나는 어제 여잠교 평화경平和境을 찾았더니 다시 옛 추억에 잠기어….

수증아, 그동안 몸 편히 있느냐? 그리고 성스러운 육영사업育英事業에 봉직케 된 몸, 이제 아주 재미 붙었는가? 생각할수록 고맙다. 너의 천성과 그 덕성은 꼭 우리나라 어린이들 거울 되고 남을 것이니, 교사教師는 교실教室의 태양이니 지상만물地上萬物을 고루 화육化育한단 말 전에도 내가 몇 번인가 너희들 재학 시에 이야기한 기억이 든다.

이 험난한 세상일지라도 아침 교문을 들어갈 때 그 청신清新하고도 고귀한 마음이 세상 딴 곳에서는 아마 맛볼 수 없을 것이리. 인생의 아름다운 화초花草밭 사랑의 꽃동산, 이는 오로지 아동의 거울이며 태양인 교사의 진정한 사랑의 빛에 의하여서만 뜻대로 피울 수 있는 것이니 이는 이 세상 어느 누구도 침범할 수 없는 우리 교육자들의 절대적인 기본특징特徵이다.

수증아, 너도 세상 사람들의 눈에 안 보이는 이 미美의 절경絕景을 잘 관찰하고 있느냐? 그를 마음껏 맛보고 있는가? 평소平素로부터 잘 알고 있는 일이겠지마는 봄 맞은 청년 여교사의 전도前途를 진심으로 축복하면서 다음 몇마디를 드리겠네.

1.

아동에 대한 절대적인 사랑은 교육자로서의 가장 중요한 기본 요소

- 비 오는 날 교실에 들어가면 그 어린애들의 몸비린내… 이를 정말로 꼬솜한 향기로서 맡을 수 있는가 없는가?
- 대소변 만난 어린이들의 뒷몸차림을 그들의 어머니와 다름 없이 진정으로 돌볼 수 있는가 없는가?
- 교사의 사랑이란 태양의 빛과 같다고 하였으니 정말 고루 비쳐지고 있는가 없는가? 교사로서는 오히려 불우한 불쌍한 어린이들에게는 더욱 더 맹렬한 사랑을 아낌없이 기울여야지.

2.

교육자일수록 언행言行에 유다른 조심.

교사는 아동의 거울뿐만 아니라 전 부형父兄들 아니 전 촌민村民의 거울이 되어야 할 것이다. 교사의 조그만한 비언非言, 비행非行은 인간사회에 미치는 그 반영도 크지마는 교육계에 큰 죄악이다. 그리고 "똥통 안에 든 밥은 거러지도 탐내지 않는다"란 말을 다시 한번 기억해 주시라.

3.

다같은 교사, 직원일지라도 여교사의 사명使命은 또다른 것임을 깨달아야지. 교무실의 청소淸掃, 정돈, 차준비, 꽃병, 그리고 연회

宴會 준비와 그 뒷수습, 몸 아픈 어린이, 또 몸 다친 어린이들이 생겼을 때의 사랑의 간호 등등, 꼭 이는 여교사가 책임져야 한다. 이는 여교사의 중대한 사명이다. 혹자간或者間에는 우리 조선여성들은 너무 거만해져서 "동등권同等權을 모르는가봐" 하면서 납뒤는 여교사가 있단 말도 들었지만 그는 불행한 인간이다. 우리나라 헌법도 공민公民으로서의 국민의 기본권리에 대한 남녀동등은 있어도 직업과 그 사명에 대한 남녀동등은 없느리라. 그러한 교사 밑에서 배우는 아동들이 더욱 불쌍타. 그러나 수증 너만은 꼭 모범적인 여교사 될 것으로 굳게 믿는다.

4.

아침 출근은 매일 어떠한 일이 있더래도 제일착第一着으로 하도록(특히 여교사) 그리고 출근부의 도장 찍는 것 잊지 말도록. 교무실 당번을 잘 지도하고는 곧 자기 담임 교실로 가야지, 그리하여 등교하는 어린이들에겐 언제나 명랑, 친절한 얼굴로 대해야지. 그러나 직원 조회나 직원 회의 시에는 되도록이면 묵중을 지켜야 한다. 요컨대 ""입의 선생보다 손의 선생 되라."

5.

그날 할 일을 내일로 미루지 말라. 제諸 장부정리도 꼭 기일을 안 넘기도록 노력하여야지, 작은 일 같아도 이것이 퍽 중요하다.

6.

가정家庭과의 연락을 잊지 마라. 예를 들면 수시로 가정방문도 좋지마는 그렇지 못한 경우에는 쪽지에 적어서 그날 그 어린애의 행동(특히 좋은 행동)을 가정에 적어 보내도록 하여 가정에서도 칭찬하여 주시이소 적고 부탁하는 것 등. 만일 나쁜 일 한 생도生徒가 있거든 꼭 가정을 방문하여 선善히 지도하여야지 요컨대 어린애들은 '칭찬' 이 큰 효과 있음은 명심하라.

적으려니 자꾸 잔소리만 같구 하니 요쯤해서 끊겠다. 물론 너의 그 우수한 두뇌로서 잘 할 것이겠지마는 모든 일을 계획성 있게 참다운 생활을 할 수 있도록 노력하여 주기 바란다. '직업의 도락화道樂化' 그 직업에 대한 즐거움을 느낄 수 있는 사람이 행복인 것이다. 조수증 여사女史의 젊은 명名 여교사가 되기를 축원하고 푸른 녹음과 함께 훈풍에 띄워 이를 보내노라.

—4285년(1952년) 5월 22일 강용호
조수증 전前

3.

수증에게!

오늘은 12월 31일, 1951년의 마지막 보내는 날. 나도 오늘밤 12시를 기期하여 초로 인생의 삼십고개의 한 몰랑에 서게 되는구

나. 언제나 나의 머릿속에서 사라지지 않는 영리한 수증아, 너는 금년을 마지막 보내는 오늘 무엇을 생각했는가?

정말 약하고도 미련한 인간 30년이란 긴 세월을 허송하고 또 무계획無計劃 아래 희망 없는 새해를 맞으려니 가엽고도 불쌍한 자신에 동정심이… 그렇다. 최근 몇 년간을 회고하니 나의 마음 속에는 충실充實한 열매 하나 맺지 못하는 잡초雜草들만이 우묵 자라고 있었다. 그러나 약 7년의 교단생활에서 수증이를 비롯하여 몇 사람의 훌륭한 제자들을 맞이케 된 것을 최고의 영광으로 생각하는 중이네. 나의 30 평생을 통하여 이 세상에 보내는 유일의 선물인 줄 생각한다.

수증아, 너의 그 인생으로서의 고귀高貴한 향기香氣를 품을 수 있는 아름다운 꽃 피는 희망의 날을 향하여 새해를 맞으면서 부디 행복의 단꿈을 마음껏 꿔주게. 나 자신도 비록 인생의 한 분자分子로 태어났으나 인류사회에 대하여서는 한갓 기생충적寄生蟲的 존재를 면치 못했으며 허송세월을 일삼던 나머지 오늘을 마지막으로 이제는 나의 평생에 이십二十이란 계단階段을 다시 밟을 수가 없게 된 것을 생각할 적에 불행한 자기자신에 대한 동정심同情心뿐이로다.

나는 이제부터는 너와 같은 인생의 꽃, 시절을 자랑하는 청춘, 청소년들에 대하여 나 자신과 같은 덤덤함으로 무의미한 인생의 불운不運한 끝을 안 걷도록 크게 경고하고 싶다.

동생 결혼 문제로 2~3일 전에 갑자기 급보急報를 받고 고향을 돌아온 내가 이십 계단의 마지막 계단을 넘는 오늘, 나의 걸어온 과거를 다시 회고하면서 펜을 들었더니 많은 사람 가운데 이순간 나의 상대相對되는 것은 오직 수증 한 사람이로군. 그러나 너무 돌멩이같이 여문 말들뿐이며 또한 쓸데없는 말들만 자꾸 끝없이 계속될 것 같아서 이로부터 좀 말거리를 바꾸겠다.

그동안 집안은 여전히 평안하신가. 지난 11월 3일에 진중晋中으로 보내 준 너의 글월은 잘 받았노라. 그러나 차일피일 답장 못하고 금일今日에 이르러 퍽 미안하다. 오빠께서는 함안농고咸安農高에 근무하신다 하오니 대단 반가운 일이다. 시대가 시대인 만큼 아마 너는 이 험악한 사회社會에 발을 안 디디는 것이 오히려 그 청렴성을 더럽히지 않을 것 같애.

도청이니 어디니 취직할 생각은 버리는 것이 어떨까? 어느 날 석양夕陽 남강 강변南江江邊을 산보하면서 너희들 5~6인人과 여러 가지 다정多情한 이야기를 많이 하던 중 우연히 정수貞秀가 눈에 눈물 띄우며 만일 나의 오빠가 계셨더라면 하던 말, 그는 진학進學에 대한 그 희망을 가졌으면서도 이와 같이 탄식의 말을 하지 않았던가. 이 세상 많은 인생 가운데 오직 진리眞理의 길을 찾으려는 그 귀한 마음의 소지자인 정수의 쓰라린 가슴속을 나는 잘 넘어다 보았노라. 석양에 남강 기슭 버들숲 사이로 발걸음을 옮기며 약속한 그 말이 실현되어 정수가 여고에 진학케 된 것일 따름이다.

4.

퍽 오래간만에 너의 편지를 받으니 반갑기도 한限이 없거니와 옛 추억이 새로워.

새봄과 함께 장래에 대한 행복幸福의 꿈도 그칠 날이 없겠지? 좋은 시절 아까운 시절 이제 피차彼此의 사는 이야기를 하려면 끝도 한도 없을 것이니 일절一切은 생략하고 이 부탁만은 꼭 들어주기 바란다. 백만사를 다 제쳐놓고 이 편지 받거든 꼭 즉시 진주로 와서 나를 만나주시라. 졸업식, 입학식 등으로 나는 몸 뺄 여가 없으니 지금 너를 만나 의논하고 싶은 일이 있으니 아버님께 말씀드리고 꼭 오너라. 그리고 정수도 졸업하고 집에 있으니 곧 만나주기를 믿고 이만 줄이노라.

—3월 12일 강용호
조수증 전前

5.
은사님이 아버님께 드리는 편지

근계謹啓(삼가 아룀) 거반去般(지난번) 비교鄙校(우리 학교의 낮춤말) 졸업식 당일에는 다망多忙 중이심에도 불구하시고 왕림枉臨하여 주심에 대하여서는 만강滿腔(마음속 가득한)의 감사를 드리는 바이외다. 특히 귀貴 영애令愛 수증군의 탁월한 재질과 선량한 인품 및 우수한 성적으로 수위首位 졸업케 됨을 진심으로 축복드려 마지 않습니다. 수증군은 금반今般 졸업 후 특히 친히 지내던 학우學友 2~3인人과 함께 석별惜別의 정情을 금禁치 못하여 차일피일此日彼日 2~3일 늦어졌사오니 모쪼록 관서寬恕하여 주시옵기 앙망仰望하나이다.

—7월 16일 강용호 배상

친구 차옥자의 편지

따가운 7월의 태양 아래에도 종종걸음쳤을 너의 성의誠意와 지성至誠으로 동창회는 거년去年보다 더한 발전을 보았으리라고 믿는다. 그저께 네가 책 속에 끼워주던 쪽지를 받는 날과 같은 날에 동창회 통지서를 받았더란다. 정말 반가웠었다. 너의 얼굴이, 그리고 다른 동무들의 얼굴이 그날 나는 시험을 치르고 난 내 흐릿한 머릿속에 마치 물레바퀴처럼 천천히 돌아가고 있었더란다.

우리는 25일 방학했다. 그날 곧 집에 돌아왔던 게 여태까지 들누워서 저 포도밭 너머로 뵈는 짙푸른 하늘과 그리고 저 싱싱한 나뭇잎들이 내어뿜는 풍부한 정서情緖와는 대조對照된 너무나 굳어져버린 감정感情에서 살았다. 그래도 동창회 날 아침은 새벽 일찍이 들길을 한바퀴 둘러서 해가 뜰 무렵에야 집안 사람들 모르게 가만히 들어왔다. 내가 나가는 걸 보이면 공연히들 걱정을 하니까.

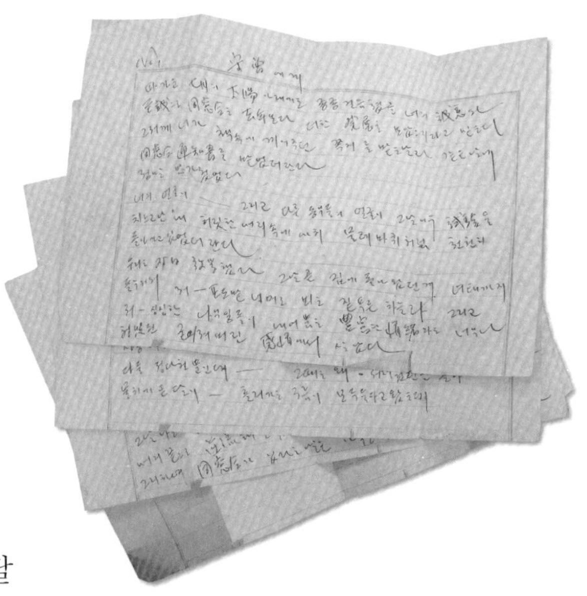

그날 아침 들길을 걸을 때가 아마 진주 가는 첫 차를 띄울 시간쯤은 되었겠지. 어쩌면 달이 그때까지도 하늘 한가운데서 비치고 있었는지 몰라. 맹돌이 아범이 밤새 메워 둔 도랑물에 달이 뜨고 구름이 흐르고 있었다. 나도 물 위에 서 있었으니까 나도 달을 타고 구름을 저어 가는 어린 사공아이놈이 되었던 셈이지. 그런데 지금 생각하는 아침 산보로는 다들 정다울 뿐인데, 그때는 왜 서러웠던진 몰라. 물 위에 뜬 달이, 흘러가는 구름이 모두들 다 고왔는데.

수증아, 네가 동창회 때 만나서 풀자던 그리운 회포는 예상외로 이 종이 위에서 되고 만다. 정말 미안하다. 나도 그날 7시 반 차로 마산으로 가서 오후 3시 버스를 타고라도 거기를 가볼까 하는 여러 가지 생각도 해봤지만 아프다면서 학교 다닐 때면 모르지만 방학 때 갑자기 그것도 확실치 않고 희미하게 단지 마산으로 간다는 말로만 나선다면 언니들이야 눈 감아 주겠지만은 아버지랑 어머니는 펄쩍 뛰고 야간나실 것이 뻔한 일이어서 별

수 없이 쿡 백여 누워 있었다. 정말 너에게 여간 미안하지가 않았다.

그날 나는 몹시 발열發熱했다. 아마 내 마음속에 치밀린 화가 머리 끝으로 역류逆流해 올랐던 모양이지. 그리하여 동창회가 있다는 말은 아무도 모르고 지나쳐 버렸단다.

참! 요번엔 사진을 박는다더니 날씨가 좋아서 퍽 잘 나왔겠다. 사전에 못갈 줄을 미리 알았더라면 앞서 네게 내 걸 한 장 더 현상해 달라고 부탁해 두었을 텐데…. 정말 섭섭하다. 언제든 그날의 모임은 사진으로나 통해 볼 수 있는 것을 나는 하나의 기쁨으로 이만 맺으려고 한다.

—1953년 7월 31일 옥자玉子

친정아버님 편지

여아 회람

네가 산후에 별일 없사오며 어린 놈 충실한 소식 들으니 질금(즐거움) 기둘되(비할 데) 없을 뿐더러 더구나 시어른께옵서 환후가 근일에 있어서 그만하다 하니 만분다행이다. 이곳 아비 역시 우연히 병이 나서 밥을 많이 먹지도 못하고 죽을 간식하여 온 지가 수십 일이나 되었다. 그러므로 원기가 없을 뿐더러 무슨 음식이라도 한참에 많이 먹을 수는 없다. 개(보신탕)를 준비하고 나를 오라 하나 내일 손님이 찾아올 작정이 되어 모레 오전까지는 여가가 없다. 그날 오후 저물기 혹 차가 있으면 갈까 생각하니 그리 알아라. 나머지는 재명일再明日 상봉하여 말하기로 하고 이만 적는다.

—음력 9월 29일 부서父書

여아 회답

너가 산후에 별(중)정 업사오며 어린놈 충실한
소식 드러니 질금기 둘데 업실 뿐더러 더구나
너 시어룬 게압서 환후가 근일에 비서서 금안하다 하니
만분다행이다 이곳 아비 역시 우연 위병이 나서
밥을 만히 먹지 못하고 죽을 잡사 하여온지가
수삼일이 되엿다 그러무로 원기가 업실 뿐더러
무산 음식이라도 한참에 만이 먹을 수는 업다 기를
준비하고 나를 오라 하나 너의 일손 남이 차저볼 작
정이 되여 모래 오전 사거는 여가가 업다 그날 오후
저물기 혹 차가 이서면 갈가 생각하니 그리 아러라
나 무게는 너 병일 상봉하여 말하기로 하고 이만 적
는다 음 구월 二十九日 父書

▲아버님 친필 편지

오빠 편지

귀여운 너를 먼곳으로 떠나보내고 궁금하던 차에 오늘 너의 서신을 받으니 기쁘기 한량없구나.

애기는 그 후도 염려하여 주는 덕택으로 큰 변함은 없으나 중래 어미가 일전부터 요사이 유행하는 유행성 감기로 누워 있을 따름이나 곧 일어나겠지. 그리고 나는 너를 보낸 그 이튿날 부산에 갈 일이 있어 다녀온 후는 아직 군북郡北에 가지 못하여 소식을 못 듣고 있다.

너를 보내던 날에는 학교 일로 나갔다가 역까지 가보내도 못하고 너의 뒷그림자만 바라보며 한때 인생의 무상함을 다시 한 번 느꼈단다. 법수면에 있을 때에는 그래도 이웃 같고 보고 싶을 때에는 언제든지 만날 수 있다는 생각으로 그저 무심히 지냈으나 막상 먼곳으로 떠나보내고 나니 이것이 곧 인생의 진리라고 알면서도 어쩐지 허전한 마음 금할 길 없었으며 너의 서신을 받으

▲오빠의 친필 편지

니 망각忘却이란 편리한 나의 머리도 다시 되살아 올라 기쁨과 허전함이 교차되는구나.

네가 있는 집은 여러 가지가 편리하다고 하니 반가운 일이나 멀다면 먼 타도他道로 말씨도 다르고 처음 차리는 살림이라 궁색한 것도 한두 가지가 아닐 줄 안다. 그러나 인내와 용기로서 어려움을 박차 나가는 용기를 가지고 윤서방 잘 뫼시고 어린 것들 잘 거둬서 생의 즐거움을 스스로 찾아야 되지 않겠나?

참 그리고 윤서방은 무사히 잘 직무에 노력하고 있는지 힘껏 노력하여 동료 직원들에 신망을 얻을 수 있는 인물이 될 수 있을 것을 바라며 또 믿고 있다. 그 후로는 아직 법수면 소식도 듣지 못하였으며 평촌坪村 자형도 부산시청으로 가게 되었는지 기모가 돌아간 후는 소식을 듣지 못하고 있다.

너의 글을 받고 할 말도 많을 것 같아 즉시로 펜을 들었으나 몇 자 적기도 전에 말문이 막히는구나. 생각나는 것은 다음 기회로 미루고 몸 성히 있을 것을 바라며 가까운 시일 내에 상면할 기회를 기다리면서 이만 펜을 놓는다.

—4294년(1961년) 3월 7일 함안 오빠로부터, 윤실 앞

첫째아들 기수의 편지

어머님께. 오늘이 어머님 생신이란 것을 알고 미리 축하의 말씀을 올리려고 생각을 했었는데 며칠 바쁜 경황 중에 지금에야 펜을 들었습니다. 축하는 무슨 축하냐고 하실지 모르지만 진심으로 어머님에게 축하를 드리고 싶은 마음입니다.

설날은 잘 지내셨는지? 설을 밖에서 지내기는 처음인 것 같습니다. 더구나 어제는 주말근무라 더욱 집 생각이 났던 것 같습니다. 어릴 적 고향의 몹시 추운 설들을 떠올리며 입가에 웃음을 지어 봅니다. 그때 세뱃돈으로 일원도 오원도 받고 즐거워하던 일들, 마당에 죽 늘어선 가족들의 갖가지 이야기들이 떠오릅니다.

명절날 가족들의 모임이 즐거운 추억만 있는 것은 아니고 저 자신도 주체할 수 없는 슬픔과 분노 같은 것으로 몸을 떨기도 했던 기억도 있습니다만 그것이 어쩔 수 없이 사람이 살아가는 모습으로 보여지는 것은 체념이란 말로 표현되는 것 이상의 어떤 것 같습니다.

어제 점심 때 시내를 돌아다녀 봤습니다. 아직 아니 우리의 설은 음력이 어울리는 것이란 생각을 갖게 하였습니다. 예년보다도 젊은 사람들까지 한복을 차려 입고 나들이를 나서는 모습을 보니 우리 것에 대한 전통의 보전에 눈을 돌릴 정도로 우리의 삶이 향상되어졌지 않았는가는 생각을 갖게 합니다. 모든 서민들이 그런 여유를 가질 수 있는 사회가 아직은 멀었지만 우리들의 세대에는 꼭 그 꿈을 이룰 수 있게 하고 싶습니다.

오늘 오후에 차를 타고 반포아파트에 할아버님을 찾아뵙고 세배를 올렸습니다. 한복을 입고 계신 모습이 아주 건강해 보이셨습니다. 저번주에 잠실 박 선생님 댁에 들렀습니다. 이번 설에 고향에 가실 거라고 그때 말씀하셨는데 집에 들르셨는지 모르겠습니다.

창수는 다른 곳으로 근무지를 옮겼는지 어떤지 궁금합니다. 요즘 날씨가 그렇게 춥지는 않지만 해안에서 근무를 하자면 고생되는 일이 많을 것입니다. 하지만 그것도 앞으로를 위해서의 수련의 과정일 거라고 생각합니다. 온실에서 자라는 남자는 쓸모가 없습니다. 저희는 투박한 개간지의 토질에서 자라 강인한 근성을 가진 남자로 자라고 싶습니다.

어머님, 어머님의 마음을 다 알고 있지는 못하지만 짐작은 한다고 믿으며 할 수 있는 데까지 마음에 부합되도록 애를 쓰고 있습니다. 하지만 많은 일들이 뜻대로만은 되어지질 않기 때문에 실망도 하지만 마음을 다칠 만큼 약하진 않습니다.

2월 말경 어머님 뵐 수 있을 것입니다. 가족 모두 건강하길 빌며 이만 맺습니다.

—1979년 1월 29일 기수麒洙 올림

둘째아들 창수의 편지

제가 중 · 고등학교를 다닐 때 아침을 먹지 않고 학교에 가려고 하면 한 숟가락이라도 더 먹여서 보내려던 어머님, 감기가 들었을 때 손수 생강차를 끓여 주시던 어머님, 형님이 대학에 실수했을 때 형님을 생각하여 소리없이 흐느끼시던 어머님, 그리고 아버님, 아버님의 크시고 심오하신 사랑은 글로 다할 수 없습니다.

어머님, 아버님 정말 고맙습니다. 성실한 생활을 하여 꼭 보답하겠습니다.

서울 거리에 가슴에 꽃을 달고 걷고 있는 어르신네들이 참 부럽습니다. 멀리서나마 마음속으로 두 분 가슴에 빨간 카네이션을 달아 드립니다. 해가 거듭할수록 늘어만 가는 어머님의 잔주름과 아버님의 흰머리를 볼 때마다 빨리 성장하여 부모님께 보답해야겠다는 마음이 생기더군요. 부모님의 말씀은 저를 정직하게 만들고 착하게 살도록 해 주셨습니다.

저의 나쁜 버릇을 고쳐주시기 위해 마음이 아프시면서도 종아리를 때리시던 부모님, 저의 이 조그만 글로 부모님의 마음이 잠시라도 편안하실 수 있으시다면 자식된 마음 한량없이 기쁘겠습니다.

부모님의 깨끗이 하라는 말씀 덕분에 매일 저녁 발을 씻고 하숙방이 조금은 깨끗합니다.

공부 공부하시던 말씀 덕분에 이제 책을 잡는 버릇도 조금은 생겼습니다.

어머님, 아버님의 노고가 아니었다면 지금 제가 어찌 서울에서 대학공부를 하고 있겠습니까?

정말 고맙습니다. 오늘 어버이날을 맞이하여 아들, 딸들이 부모님을 모시고 즐겁게 지내는 것을 보고 저도 마산에서 부모님과 함께 있고 싶었습니다. 마음속으로나마 부모님과 있고 싶어 글을 드립니다.

어머님, 아버님 편안하십시오.

—1976년 5월 8일 小子 昌洙 올림

셋째아들 성수의 편지

부모님 보십시요.

아버님, 어머님 그동안 안녕하신지요.

무척이나 극성을 부리던 추위도 지나가고 새 잎이 돋는 봄이 왔습니다. 저는 부모님의 염려 덕분으로 오늘 하루도 군 복무에 충실하며 열심히 생활해 나가고 있습니다. 계절이 바뀌는 환절기에 옥체나 상하지 않았는지 궁금하기 이를 데 없답니다.

며칠 전 홍수 편지를 받고 매우 기쁜 마음 그지 없었답니다. 이제 홍수도 다 큰 사나이 같은 기분이더군요. 이곳의 날씨도 이젠 제풀에 꺾여 생활하는데 애로사항이 없답니다. 이런 고로 부모님께서는 너무 염려 마시기 바랍니다. 저만 군생활하는 것이 아니고 하늘의 별만큼이나 많은 조국의 남아들이 군 복무에 임하고 있지 않습니까? 군에서 배우고 익힌 생활 철학으로 망나니 같았던 지난날의 불효를 만회할 수 있는 훌륭한 자식이 될 것을 약속합니다. 어머님께서는 일곱 남매를 이렇게까지 키우느라 얼마나 많은 고생을 하셨을까 생각하면 가슴이 메어지도록 안타까운 마음이 나에게 더욱더 성실히 생활할 수 있도록 만들어 주는 것 같습니다.

아버님의 건강은 어떠신지, 조부모님의 건강도 궁금하군요. 계숙이는 고3으로 공부 열심히 하며 집안일 도우고 있으리라 믿어 의심치 않습니다. 항상 노력하는 인간이 되기 위해 인생 최고의 배움터인 군에서 대한민국의 용감한 사나이가 되기 위해 노력했습니다. 이만 줄이겠습니다.

—셋째 아들 성수 올림

넷째아들 인수의 편지

부모님 전 상서.

따뜻한 봄을 맞아 온 가족 평안하시겠지요. 사랑하는 못난 아들 이제야 부모님께 문안 편지를 드립니다. 할머님, 형님, 누나, 동생 다 몸 건강하게 잘 지내고 있으리라 생각됩니다.

경제적인 어려움은 없으신지, 아버님 어머님 건강도 안 좋으신데 먹는 음식은 영양가가 있는 걸로 푸짐하게 잘 드시라는 당부 말씀 드리고 싶습니다.

지금은 조금 힘들지만 세월이 조금만 지나면 모든 것이 잘 되리라 믿으면서 시간 날 때마다 간절한 마음으로 사랑하는 가정을 위하여 기도하고 있습니다.

저는 부모님의 은혜로 몸 건강하게 잘 지내고 있습니다. 초반기에 감기에 걸려 조금 고전했지만 그 이후로 여기 생활도 안정이 되어가고 내무반 사람들과도 아주 친하게 잘 지내고 있습니다. 지금은 생활은 학교 기숙사 생활하는 정도의 어려움이 있을 뿐이고 하루하루가 재미있게 흘러가고 있습니다. 요즘은 책도 읽을 수 있는 여유도 있고, 재미있는 여러 가지 이야기도 할 수 있는 자유로운 시간도 저녁에 있어서 서서히 군대라는 압박감도 사라지고 있습니다.

하루에 한 통 정도 편지도 받아보면서 친하게 지내던 사람들의 동정도 알 수 있어서 마음도 그렇게 답답하지 않습니다. 이제 훈련도 얼마 남지 않아서 2주 후에는 이 삼사관학교에서 대구 군의학교도 이동하게 되고 4월 15일에 임관하게 된다고 생각하니 시간도 잘 흘러갑니다.

3월 19일 면회 날에는 될 수 있으면 11시 정도에 오시는 것이 좋으리라 생각이 됩니다. 면회 오는 사람이 많아 교통이 혼잡하고 사람 찾기가 힘들기 때문입니다.

제 걱정은 전혀 하지 마시고 가정의 화목과 평안을 위해서 열심히 생활하시기를 기도합니다.

사랑하는 우리 가족 모두가 축복 가운데 항상 범사에 형통하기를 기원하면서.

영천에서 못난 아들 인수 올림

—1989년 3월 11일

P.S. 홍수에게 부탁한 성경책 찾아서 가져오라고 전해 주세요. 그리고 학생회 친구들 엽서 코팅한 것도 가져오면 좋겠고, 신구약 성경책도 부탁합니다.

막내아들 홍수의 편지

논산 훈련병 시절

부모님 전 상서

그동안 안녕하셨습니까? 어젯밤 어머님의 서신을 받아 보았습니다. 어머님의 서신은 내무반 동료들의 화제가 되었습니다. 집안일과 서예 공부로 고단하실 텐데 정성 어린 서신을 보내주셔서 고맙습니다.

아버님은 건강하신지 궁금합니다. 다리가 저리신다고 하실 때 좀 더 성의있게 주물러 드리지 못한 것이 아쉽습니다. 항상 마음을 편안하게 가지시고 건강에 유의하십시오.

창밖에 비가 내리는 토요일 오후입니다. 연병장에는 땀으로 이루어진 전우들의 발자욱이 선명합니다. 오늘은 자유시간 많이 주어져 오전에는 큰누나에게 편지를 부쳤고, 지금 동료들은 TV 시청을 하거나 PX에서 다과를 즐기고 있습니다.

내일이면 꼭 입대한 지 한 달이 됩니다. 이제는 훈련소 생활도 많이 익숙해졌고 6주간의 교육기간 중에서 중반에 도달하였습니다. 지금부터 받을 교육이 여태까지 받은 것보다는 힘들다고는 하지만 빛나는 이등병 계급장을 달기 위해서는 어떤 고된 훈련도 이겨낼 자신이 있습니다. 저는 주특기로 병기를 받아 대공포로 차출되었습니다. 아마 이곳에서 교육이 끝나면 후반기 교육으로 포병학교에서 약 8주에서 18주 가량 다시 교육을 받고 자대 배치 받을 것 같습니다. 그럭저럭 잘된 것 같습니다.

할머니, 성수 형님, 작은누나도 잘 지내고 있는지 궁금합니다. 입대한 지 겨우 한 달밖에 안 되었지만 집안 식구들 모두 보고 싶어지는군요. 아버님, 어머님. 저는 이제 신성한 국방의 의무를 지는 군인으로서 맡은 바 책임과 임무에 충실하는 멋진 사나이가 되겠습니다.

집안 식구들 모두 건강에 유의하시고 얼마 남지 않은 89년을 뜻깊게 보내시길 바랍니다. 항상 우리 가정에 화목과 평화 넘치기를 빌면서…….

—1989년 11월 4일 막내아들 올림

현대건설 신입사원 시절

부모님 전 상서.

그동안 평안하셨습니까? 어머님은 무사히 치료 마치시고 창원으로 잘 가셨는지 궁금합니다.

어제 충북 음성에 있는 사회복지시설인 꽃동네를 다녀왔습니다. 그곳에 계신 할아버지, 할머니를 보면서 돌아가신 할아버님 생각이 났습니다. 중학교 때 할아버님을 등에 업고 화장실로 모셔갔던 생각도 나고, 온 가족이 할아버님 때문에 노심초사했던 생각도 났습니다. 그리고 국민학교 때 돌아가신 할머님 생각도 나고 해서 눈시울이 뜨거워지기도 했습니다.

그곳에는 스스로 생활 능력이 없는 나이 많으신 분들과 정신박약아 그리고 지체부자유 어린이들이 지내고 있었습니다. 하루하루 살아가는 것이 고통일지도 모르는 사람들이었지만, 삶의 희망을 버리지 않고 꿋꿋이 사는 모습을 보면서, '지금 계신 할머니에게 좀더 잘해드려야겠구나' 하는 생각도 들고, '부모님께 아들로서 진심으로 효도해야겠구나' 하는 생각이 들었습니다.

아버님, 약주나 흡연은 건강에 해로우시니 줄이시고 좋은 취미생활 한 번 가져보십시오. 그것에 대한 경제적 비용은 막내아들이 책임지겠습니다. 어머님도 항상 마음의 평안을 가지시고, 힘든 빨래는 세탁기로 하시고, 하고 싶으신 게 있으시다면 멋진 꿈을 키워 나가시기 바랍니다. 그 오랜 세월 동안 신장결석으로 앓아 오신 어머님께 아들로서 제대로 보살펴 드리지 못한 점 송구스럽습니다. 계속 몸조리 유의하시고, 힘드신 일은 피하시기 바랍니다.

사랑하는 아버님, 어머님!

그동안 때로는 애도 많이 태우시게 했지만 새로운 마음으로 먼저 제게 주어진 일에 최선을 다하겠습니다. 그리고 형님들과 형수님들이 보살펴 주신 따뜻한 마음도 잊지 않겠습니다. 언제나, 평화와 사랑이 넘치는 다복한 가정이 되기 위해서 노력하겠습니다.

그룹연수교육은 7월 12일까지이고 그 이후 계열사 연수도 있을 것 같습니다. 교육이 끝날 때까지 아무런 걱정 마시고, 성수 형님에게도 안부 전해 주시고, 큰누나, 작은누나, 귀여운 조카들에게도 안부 전해 주십시오. 신뢰와 믿음을 드리는 아들이 되겠습니다.

여름철 음식 주의하시고, 항상 건강에 유의하시기 바랍니다. 기쁨과 활력이 넘치는 행복한 우리 가정이 되기를 기도하면서 그만 줄이겠습니다.

—1995년 7월 2일 (일) 막내아들 올림

큰사위 하맹진의 편지

— 서울 청량리에서

어머님께 드립니다.

온갖 매연에 시달리는 이곳 도심지의 우중충한 날씨에 꽃샘 추위가 마지막 기승을 부리는가 싶더니 겨우내 얼어붙었던 이름모를 나뭇가지들에는 벌써 새싹이 움트고 있습니다.

지금쯤 아마 남쪽지방의 양지바른 언덕에서는 단비를 흠뻑 머금고 파릇파릇 돋아난 쑥을 캐고 있을 아낙네들의 시골 정경도 무척 한가로우리라 생각됩니다.

동안에나 어머님 아버님 안녕하시며 집안에는 별고 없으시겠지요. 전 항시 어머님의 염려 덕분으로 몸 건강히 회사 일에 충실하고 있습니다.

동안에 좀은 메마른 생활에서 항시 내 맘을 포근하게 감싸주는 정수의 글에다가 어머님의 온정 어린 편지는 무척 마음 푸근하게 했으며 자랑스러웠습니다. 언제나 인자하시고 자상하시던 그 모습, 매일 술이나 퍼 마시고 귀찮게 굴었던 철없이 행동했던 저 자신에 대해서 지금 생각해 보면 그것이 얼마나 부질없는 것들이었으며 그런 와중에도 항시 너그럽게 대해 주시던 어머님의 고매하심에 무한한 감사를 드립니다.

어머님!

한순간마저도 잊혀지지 않는 정수의 모습을 그리다 보면 자상하신 어머님의 모습이 떠오릅니다. 아직은 모든 점에 부족하고 무능할지라도 어머님이 바라고 계시는 아니 정수가 바라고 있는 누구 못지 않은 남편상이 되리라 굳게 다짐하고 있습니다. 앞으로 많은 조언과 충고의 채찍질을 가해 주십시오.

참! 창수 졸업식(4월 3일 부평 경찰종합학교 경위 임관식)날, 저에게 주어진 여건이 허락되면 함께 참석하고 싶습니다만 현재로선 모든 것이 용납되지 않습니다. 비록 참석은 못하지만 축하한다고 대신 좀 전해 주시면 고맙겠습니다.

그럼 어머님, 오늘은 이만하고 다음에 시간 나는 대로 글 드리겠습니다. 부디 환절기 몸 건강하시고 안녕히 계십시오.

—1982년 3월 20일 맹진 드림

큰며느리의 편지

— 서울에서

어머님 보시옵소서.

저희들이 떠난 뒤 집안 식구 모두 편안하신지 궁금합니다. 할머님께서는 병원에서 퇴원하셨는지 걱정이 됩니다.

저희들은 어머님께서 염려해 주신 덕분에 무사히 서울에 도착해서 잘 지내고 있답니다. 소담이는 따뜻한 마산에서 지내다가 갑자기 추운 날씨에 잘 적응하지 못해서 약간의 감기 기운이 있더니 지금은 괜찮아졌습니다. 감기에 걸려서 힘들어 하는 소담이를 바라보고 있으니까 안타까운 마음을 금할 길 없었답니다. 처음으로 느껴보는 엄마의 마음이었답니다. 오늘은 아빠랑 같이 목욕을 시켰더니 지금은 옆에서 소록소록 잠들고 있답니다.

저희들은 음력 설에 내려갈 수가 없어서 어머님 생신상을 차려드리지 못함을 죄송스럽게 생각합니다,. 며느리로서 어머님을 도와드리지 못하고 오히려 폐만 끼쳐 드려 죄송합니다. 무슨 선물을 해드린다고 어머님 은혜에 보답이 되겠습니까만은 작은 선물이나마 기쁜 마음으로 받아주세요. 한복을 즐겨 입으시는 어머님께 어울리는 한복 백을 보내드립니다. 다시 한 번 어머님 생신 때 내려가지 못함을 용서 바랍니다.

소담이 무럭무럭 키워서 마산 내려가서 어머님의 귀여운 손녀 소담이와 함께 어머님 뵐 때까지 추운 날씨에 몸 건강히 계세요.

—부족한 며느리 올림

큰손녀 소담이의 편지

— 강원도에서

할아버지, 할머니 안녕하세요. 날씨가 추워지니 건강에 조심하세요. 우리 식구들도 잘 지내고 있습니다. 작은 고모도 그림방 잘 다니고 있겠지요.

빨리 설날이 되면 할머니 만나러 가고 싶어요. 소연이도 할머니 할아버지 삼촌이 보고 싶다고 합니다.

나는 감기에 걸려서 병원에 다녔습니다. 몇 달만 있으면 유치원에 졸업을 하고 1학년이 됩니다. 흥수 삼촌이 보고 싶어요. 주소를 적어서 보내 주세요.

글자가 이쁘지 않아서 죄송합니다.

추운 날씨에 건강하세요. 안녕히 계세요.

—윤소담 올림

5.

서화書畵 모음

宗訓

忠孝睦宗崇祖愛育

修身齊家立身興族

乙丑 尊氏 宗訓 淸書

깊은
산허리에
자그만
집을짓자
텃밭엘랑
파
고추
둘레에는
돔부도
심자
박꽃이
희게핀
황혼이면
먼
구름을
바라보자

정훈님의 시를
임오가을에쓰다
여운조수중

엽서

나의
고향은
급행
열차가
서지
않는곳
친구야
놀려
오려거든
삼등
객차를
타고
오렴

여운조수중

외딴집

산골짝
외딴집에
복사꽃
홀로핀다
사립문
열어놓고
물소리도
열어놓고
사람은
집비운채
복사꽃만
홀로진다

갑술년 봄
여운

새도록물소리에잠못드는이 한밤옆방에홀로든객은깊은잠
이들었는지무심한풀벌레소리에더욱눈이시려오네봉창을
열고보니초가을새벽하늘별빛이서늘한데종각의새벽종소
리가적막을깨뜨리네괴암절벽바위는은찬이슬에더푸르고
단풍나무물타는데용문폭포쏟는물살돋는햇살에얼비취네
백련암에뗀상자아침공양채비하고홍류동감도는물에도심
에찌든육신말끔히씻어보자

해인사에서 여운 조수증

빈누리 초매의땅도은총으로받듯복지한자리길이누릴고
온날을지켜 앉아계명성은은히여는새벽빛을기렸네가난
도보듬으면때가묻어고운자락다리롱은해와갈도내뭇이라
갈래가며여힌봉모낸가을이몇라래나되는건지비바람찬
서리도받아보면꽃간룡을가끝뜻섬긴정청하마영글소망
으로내일의푸른산맥을짚어보는내모국

여운 조수증

북쪽언덕에한그루소나무있는데늙은내가옮겨가서다시겨울에보네더구나이룡만조곡령에구름속에푸르고푸르러스스로묵직해라

경진년 이른가을에 목은이색 선생의 시 세화
십장생 중 솔을 쓰다 여운 조수증

산은산대로앉고물은물대로흘러라장마가시면하늘에구름마저나부끼면고향은건들매속에자리자리물들겠다빈손빈마음으로이청추에다시서면연록도심산천노을젖은청춘뜻될까해인사홍류동계의세월씻는물소리앞으로내행보는백로추분별빛이뜨나한비부탄금의길이부드만큼기울제면들국화마냥되거라 여운 조수증

欲作青春夢忽聞黃鳥音

汝雲 趙守曾

情隨事遷感慨係之矣向之所欣俛仰之間以為陳迹猶不能不以之興懷況脩短隨化終期於盡古人云死生亦大矣豈不痛哉每攬昔人興感之由若合一契未嘗不臨

戊辰孟秋 趙守曾

梅花一枝江畔横
汝雲

隨手亂抹安望合則
汝雲寫

枝繞春風降雪香

青節
戊寅元旦 趙守曾

梅花一枝江畔橫

一莖百果
千子萬孫
丙戌元日

青香
丙戌
元旦

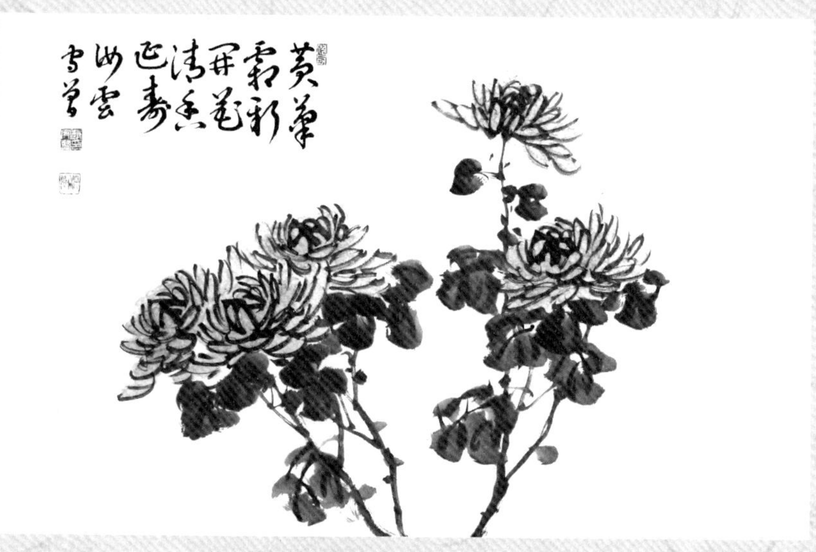

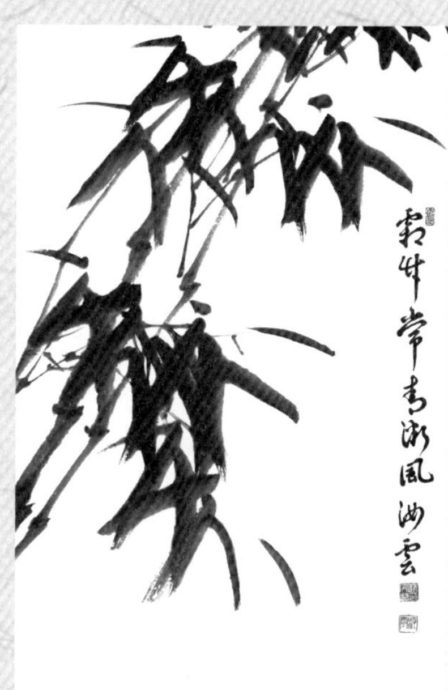

松壽千年清香
沙雲

芭蕉葉雨秋聲
沙雲

湖水蓮花一片香
沙雲

蘭之青青香勢幽幽空山露冷其誰與儔 癸未仲夏 汝雲 趙守曾

蘭之青青芳勢幽幽空山霧泠泠
其誰與儔
乙酉秋 汝雲 趙守曾

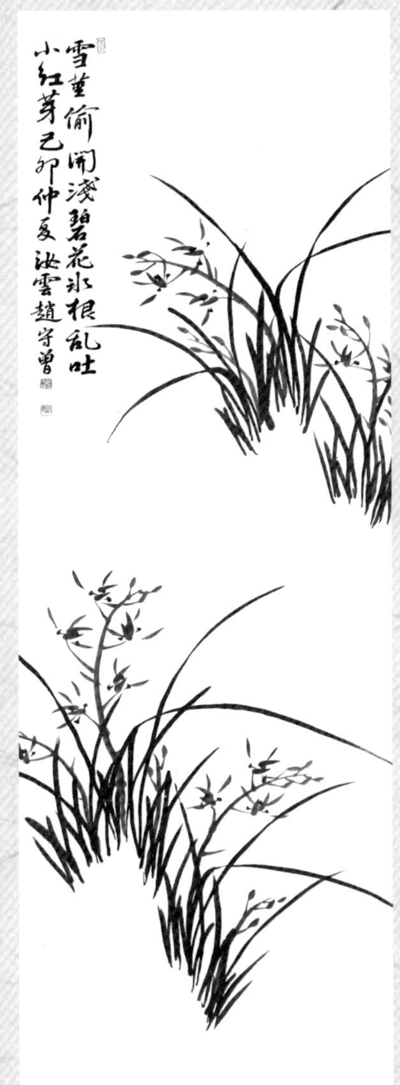
雪堇偷開淺碧花氷根亂吐
小紅芽己卯仲夏汝雲趙守曾

雪堇偷開淺碧花氷根亂吐小
紅芽癸未仲夏汝雲趙守曾

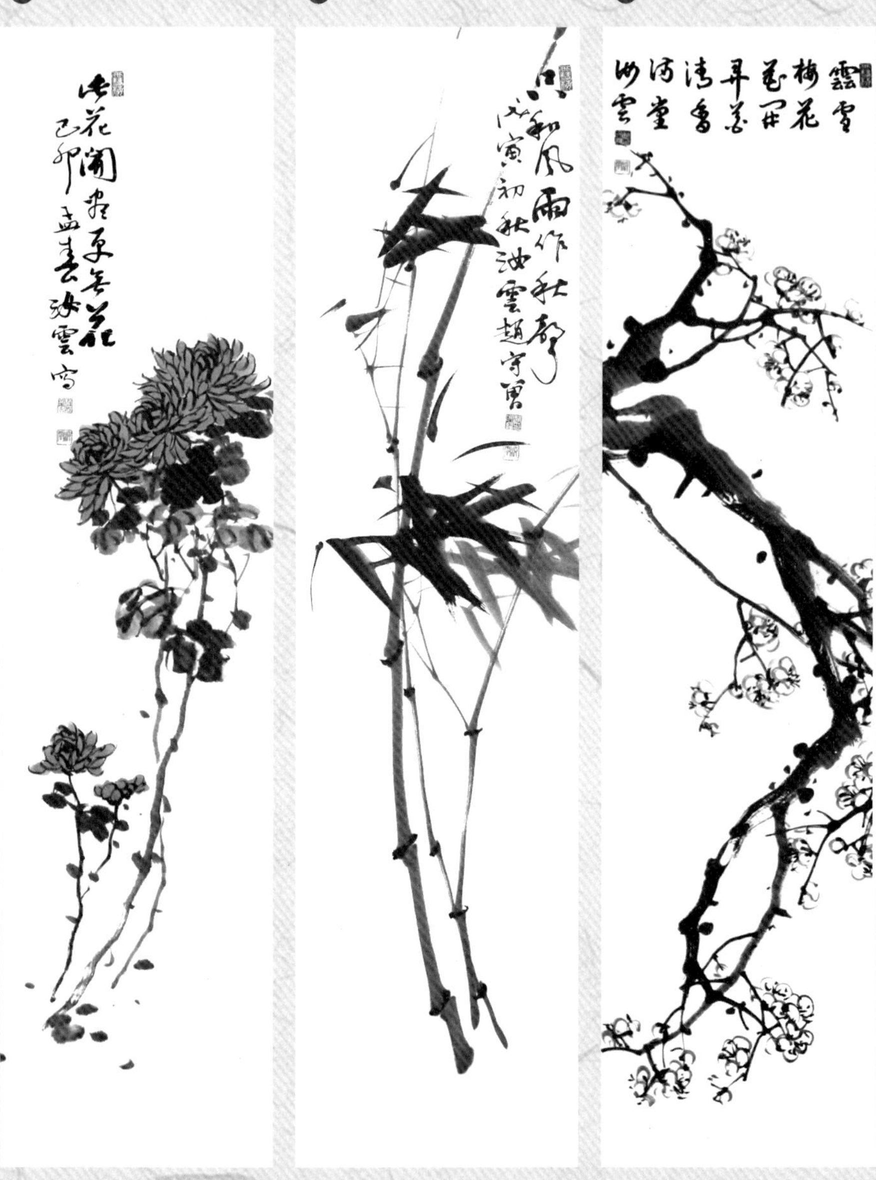

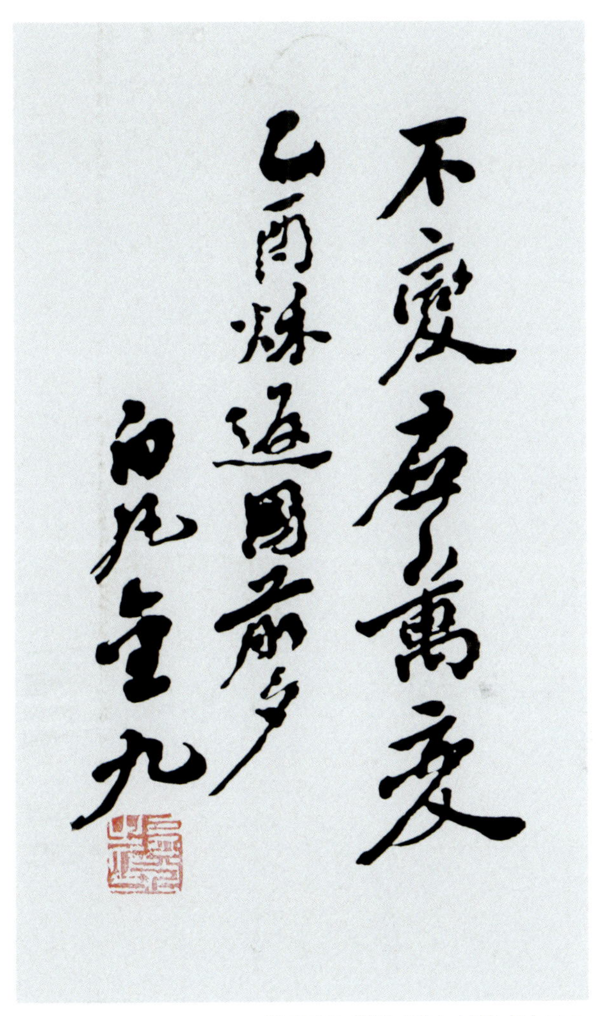

애국지사 백범 김구 선생님의 글▲

▲독립운동가 조소앙 님의 글

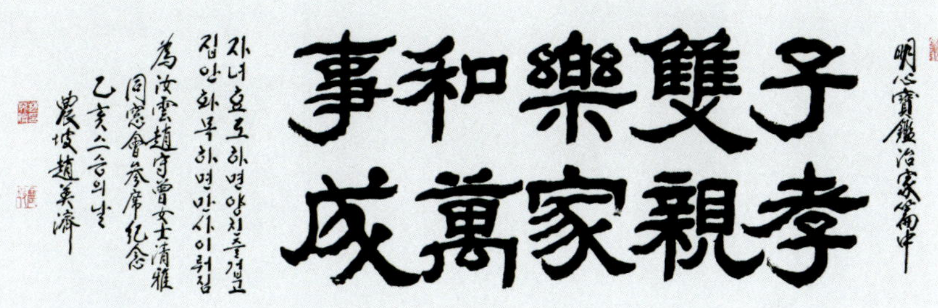

엄마생각

사물거리는 십년전인가
송림에 눈이 와서 함박꽃피니
돌아가신 엄마생각 간절하구나
북망산천 가는길이 그리 바빠서
이어린 삼남매를 두고 가셨나
그리워라 어머님이여
비오고 바람부는 지난육년간
엄마없이 어언간에 졸업이래요
우리 엄마 오실날이 언제메던고
휘영청 달빛아래 울어봅니다

一九四七년 겨울 어느날에
작사 조수증 작곡 담임선생

二00一年辛巳仲秋節
그때六學年三班擔任
農坡趙英濟

농파 조영제 선생님의 글▲

▲인초 선생님의 글

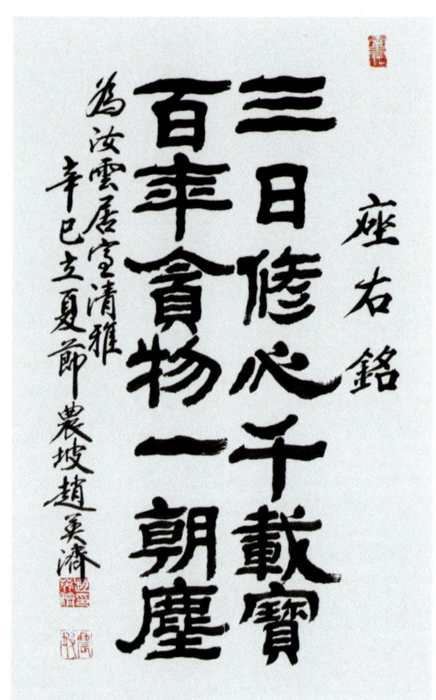

▲농파 선생님의 글

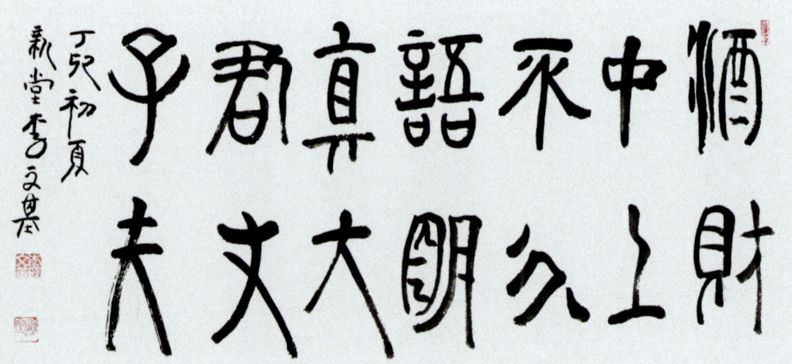

▲서예를 사사해 주신 이문기 선생님의 글

▶죽사 선생님의 글

猛志逸四海
騫翮思遠翥

爲祝昇進 癸未春 陶淵明詩句 竹史

성암 선생님의 글◀

▲이문기 선생님의 그림

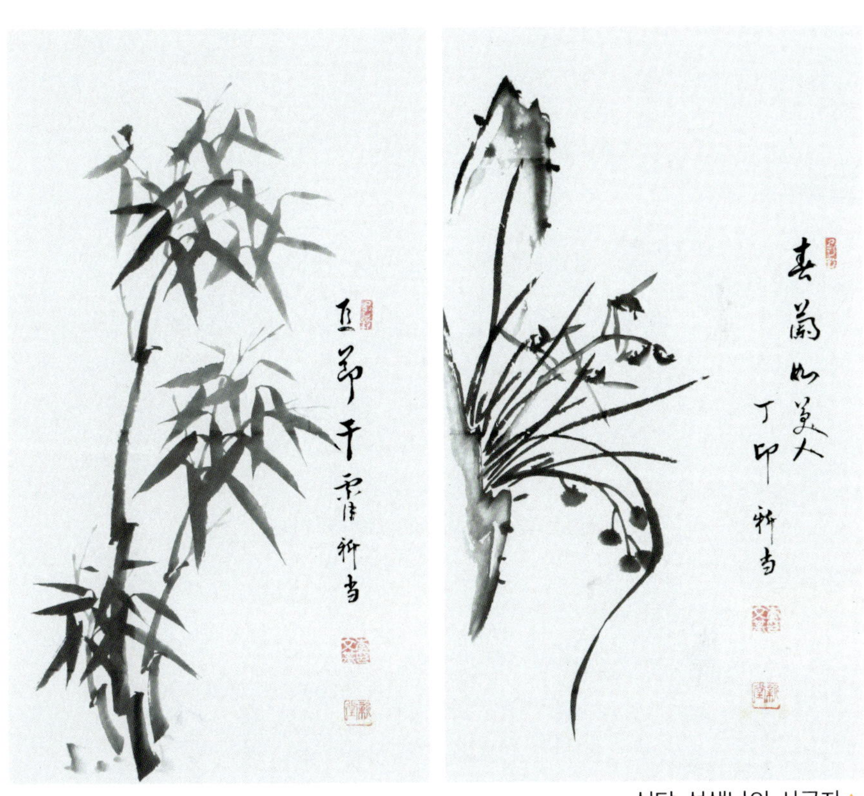

신당 선생님의 사군자▲

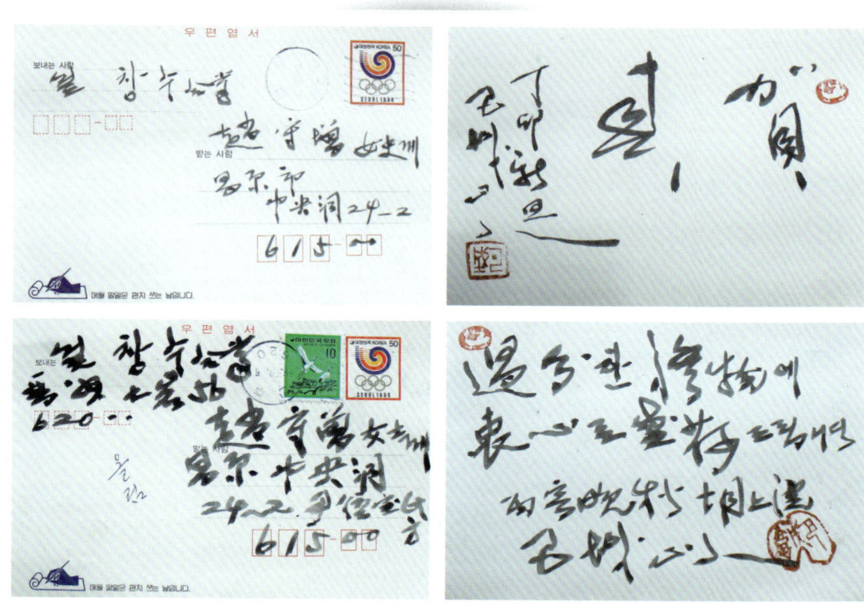

▲설창수 선생님께서 보내주신 엽서

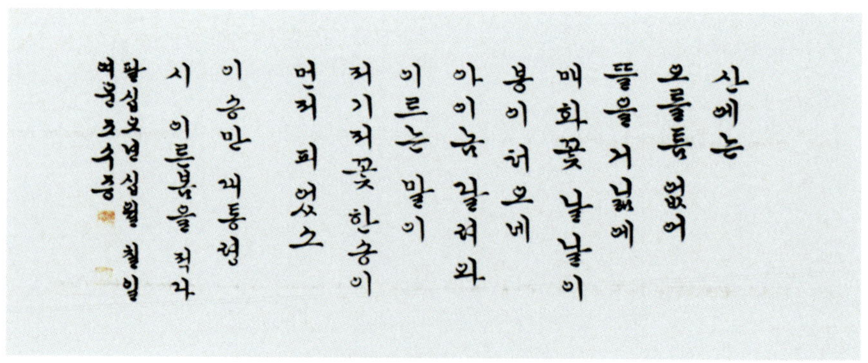

▲이승만 대통령의 시 〈이른봄〉

6.

조수증의 발자취

▲군북초등학교 제24회 졸업 기념

▼소학교 시절 친구 차옥자와 함께

▼친언니 조갑증(앉은 있는 이)과 친구들

▲진주여자잠사학교 시절 선생님과 친구들

진주여자잠사학교 시절 친구들과 함께▶

▲중학 시절의 은사와 친구

▲진주여자잠사학교 실습시간

▲군북 하림초등학교 재직 시절 동료교사 및 제자들과 함께

▼처녀 시절의 필자(가운데)

▼하림초 재직 시절 동료교사와 함께

군북 하림초 재직 시절의 제자들▲

▼함안 군북초등학교 제24회 졸업생 제2회 동기회 기념사진

▲1990년대 초 가족들과의 단란한 한때

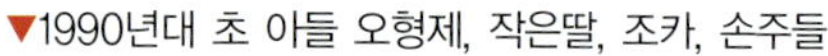

▼1990년대 초 아들 오형제, 작은딸, 조카, 손주들

▲1990년대 초
손녀 소담이와
조카 지원이

신당학원 회원전에서(1985년)▲

작품활동 중인 필자(1988년)▼

작고하신 부군과 손주들과 함께▲

▼1988년 신당학원 원생들의 자체 회원전 개막식에서

▲신당학원 원생들과의 회원전 준비 모습

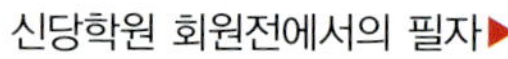

신당학원 회원전에서의 필자▶

서예를 사사해 주신 학산 곽정우 선생님과 함께▲

사군자를 사사해 주신 김구 선생님과 함께 ▲

예술의 전당에서 전시된 김구 선생님의 작품 앞에서▼

▼작품활동 시 사용하는 붓, 벼루 및 연적

▲▶전시회에서 격려해 주시는 김혁규 전 경남도지사

창원전문학교 문인화반 회원들과 함께 순천 갈대밭에서▲

▲MBC휘호대회를 마치고 김구 선생님 및 문우들과 함께

▲경남도미술대전 입상작 앞에서

▲2000년 성산아트홀 전시회에서

경남도 여성회관에서 열린 전시회에서▲

1991년 제1기 마산어머니 노래교실 수료식에서▲

▲경남도청 뒤에서 열린 노래자랑 참가 당시

▼막내아들 결혼식에 모인 가족들

◀삼형제의 단란한 한때(왼쪽부터 인수, 흥수, 기수)

▼2008년 어느 한 식당에서
(왼쪽부터 흥수, 창수 아들 상원, 인수 아들 상용)

칠순잔치에서의 여흥▶

남편 칠순잔치에 모인 가족들▼

칠순잔치에서의 여흥▶

▼거제 외도에서

▼종부로서 평생을 지내온 차례 풍경

추석 차례상 준비하는 며느리와 차례 음식들▶▲

넷째아들 인수 결혼식 폐백식 때 남편과 함께▼

◀4남 인수 결혼식장 혼주와 하객

▲둘째아들 창수가 서장으로 처음 발령받은 김해경찰서 서장실에서

13명의 손주들 어릴적 모습▲

2009년 설에 가족과 함께▼

세배를 준비하는 손주들▼

2011년 설에 아들 내외와 손자, 손녀 세배를 받고 떡국을 먹으며▲

▲2011년 생일에 친손녀, 외손녀와 함께

▲2011년 생일에 모인 가족들

▲큰아들 기수와 함께

▲둘째아들 창수와 함께

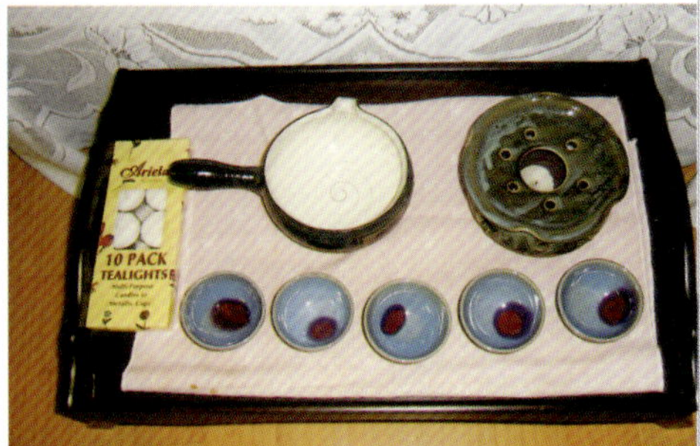

여운 다실 풍경▲

금빛합창단 활동 모습◀▲

우리춤연구회에 다닐 당시▼

▲(필자가 직접 수놓은) 아기 잘 때 치는 병풍

불곡사 연등행사 참가할 당시▲

▲최근에 만나 세월의 흐름을 함께 느끼고 있는 하림초등학교 제자들

▲**남편 생전의 가족사진**

왼쪽 위로부터 3남 성수(자영업), 4남 인수(포천 경희한의원 원장) 내외, 차남 창수(前 김해경찰서장) 내외, 5남 홍수(삼성전자 인사팀 차장), 아랫줄 좌우측 장남 기수(한라시멘트 이사 역임, 現 동해기계 전무) 내외, 남편 윤종보(한국해양대학 졸업, 해운항만청 선박검사관 역임), 필자(前 함안 군북 하림초등학교 교사)